Hyper-Sensible,
Méga-Fracassé

©2021. EDICO
Édition : JDH Éditions
77600 Bussy-Saint-Georges. France
Imprimé par BoD – Books on Demand, Norderstedt, Allemagne

Réalisation graphique couverture : Cynthia Skorupa

ISBN : 978-2-38127-177-4
Dépôt légal : juin 2021

Le Code de la propriété intellectuelle n'autorisant, aux termes de l'article L.122-5.2° et 3°a, d'une part, que les copies ou reproductions strictement réservées à l'usage privé du copiste et non destinées à une utilisation collective, et d'autre part, que les analyses et les courtes citations dans un but d'exemple et d'illustration, toute représentation ou reproduction intégrale ou partielle faite sans le consentement de l'auteur ou ses ayants droit ou ayants cause est illicite (art. L. 122-4).

Cette représentation ou reproduction, par quelque procédé que ce soit constituerait une contrefaçon sanctionnée par les articles L. 335-2 et suivants du Code de la propriété intellectuelle.

Gilles Nuytens

Hyper-Sensible, Méga-Fracassé

JDH Éditions
Uppercut

Préface de Cécile Ducomte

Hypersensibles, très sensibles, ultrasensibles… Autant de termes qui peuvent définir environ 20 % de la population.

20 %, cela fait une personne sur 5. Ce n'est pas rien. Cela veut dire que dans une classe de 25 élèves, par exemple, 5 enfants ou adolescents auront une sensibilité exacerbée, ressentiront plus profondément les ambiances, les odeurs, prendront les réflexions et critiques à leur encontre plus intensément, vivront les injustices plus profondément, connaîtront pour certains plus facilement le harcèlement scolaire, seront plus susceptibles, non par fierté mal placée, mais car ils connaissent, plus que les autres personnes, un grand manque de confiance en eux. Ils deviendront des adultes qui auront vécu avec leur différence et l'attitude des autres à leur égard sera capitale. Les hypersensibles doutent, se posent des questions, réfléchissent, ruminent parfois. Ils sont, pour beaucoup, plus timides que les autres. Pour tous, enfin, ils sont souvent incompris par les personnes à sensibilité normale. Les réflexions y vont bon train, les jugements aussi. C'est un cercle vicieux, car cette incompréhension fait douter encore plus l'ultrasensible, qui va penser qu'il est nul, bizarre, différent, qu'il n'a aucun intérêt aux yeux des autres, et ne va pas comprendre, en retour, pourquoi l'autre ne voit pas et ne ressent pas le tsunami intérieur qui l'habite, et pourquoi il ou elle ne veut pas entrer dans cet univers plus contrasté qui fait de lui un être différent, mais aussi intéressant.

À l'échelle d'un pays, 1 personne sur 5, ce n'est pas rien non plus. Regardez dans votre entreprise, dans votre famille, dans votre entourage, dans votre ville ou village. Vous les reconnaîtrez facilement à leur tendance à être plus renfermés, solitaires, introvertis, timides, ou au contraire extravertis à l'extrême, très sociables avec ce besoin de communiquer avec les autres, que ce soient des gens ou des animaux, ou même des plantes parfois. Ils sont, pour beaucoup, jugés instables ou fragiles. « *Tu es lunatique* », « *bizarre* », « *tu prends trop les choses à cœur* », « *mais quelle chochotte !* », « *tu ne devrais pas te faire toute une montagne à cause de cette remarque anodine !* » sont un tout petit panel de ce que les ultrasensibles entendent à longueur de journée.

Mais, au fait, qu'est-ce que l'hypersensibilité ? Il serait difficile de la définir en quelques mots, tant ce concept est vaste, riche et complexe à la fois, et tant chaque hypersensible vit sa différence de manière personnelle et variée. Mais tentons de donner quelques explications. Tout d'abord, les hypersensibles, qu'ils soient hommes, femmes, enfants ou même bébés, partagent pour la plupart une sensorialité exacerbée. Leur corps perçoit plus finement les perturbations ou changements, parfois invisibles ou peu ressentis par les autres. Une lumière vive, une odeur forte, certains parfums un peu trop prononcés, des mouvements brusques répétés, le bruit, la perception de la douleur, tout cela est vécu plus intensément chez les hypersensibles, provoquant souvent une gêne difficilement compréhensible par une personne à sensorialité normale. Cela crée souvent des malentendus et des tensions, vécues elles aussi plus fortement.

Le second point, et non des moindres, est l'accueil et l'expression des émotions. Celles-ci sont à la fois plus intenses et plus variées chez les hypersensibles, créant chez ces personnes des ouragans émotionnels. Toutes les émotions, qu'elles soient positives ou, hélas, négatives, auront une résonance plus longue et plus profonde. La colère, par exemple, va s'exprimer par des mots, des gestes, des attitudes, sur le moment ou un peu après. Ce sont des comportements tolérés et considérés comme normaux et même sains. Mais chez les personnes ultrasensibles, la colère aura une portée et un retentissement bien plus longs, en secret, occasionnant souvent un sommeil perturbé, des ruminations, des manifestations psychosomatiques comme des maux de ventre, de tête, de dos, dans les membres parfois, ou autres effets associés, souvent non élucidés par les médecins qui disent alors : « *C'est dans votre tête !* » Chaque personne ultrasensible a son point faible dans son corps, réceptacle de ces tensions qui durent et rongent souvent. « *Tu gamberges trop* », « *tu te tortures l'esprit* », « *tu n'es pas en paix ni serein* », « *mais enfin, c'est dit et c'est fini, alors pourquoi tu n'arrives pas à tourner la page vite fait bien fait ?* » sont des mots que les hypersensibles entendent assez (trop) souvent. Mais il faut savoir d'une part que les mots sont entendus avec plus de véhémence et de force chez eux, ils restent prisonniers de leur esprit et parfois ne trouvent pas de sortie. Ce n'est pas si simple. Il faut également savoir que les émotions, comme la peur, la tristesse, la colère, mais aussi la joie et l'euphorie, sont perçues et vécues de façon plus subtile et profonde chez les hypersensibles. La peur du rejet ou du regard de l'autre le paralyse souvent, freinant parfois sa créativité, pourtant si féconde, et le pousse à réprimer ouvertement ses impressions et sensations, de peur d'être incompris ou de déranger.

Rajoutons à cela qu'ils sont souvent plus méticuleux, voire perfectionnistes par souci du détail, vont avoir une empathie exacerbée, une intuition souvent plus affinée que la moyenne des gens, et ont un besoin vital de créer (combien d'hypersensibles sont des artistes, des écrivains ?), et cela vous donne un petit aperçu de la richesse intérieure de cette partie de la population, qui continue encore souvent d'être moquée, exclue, jugée inadaptée à une société productiviste et peu soucieuse de l'expression des émotions qu'il faut cacher, brimer et taire. Nous aurions pourtant tout à gagner à tendre à leur ressembler et à nous intéresser à leur monde intérieur. Qui vous dit que ces gens jugés inadaptés ne sont pas au final bien plus conscients de leur environnement et pourraient, si vous leur prêtiez une écoute bienveillante, vous dévoiler des trésors d'imagination et d'évasion ? Mais peut-être vous dérangent-ils ?

Gilles Nuytens, par son témoignage éclairé, argumenté et précis, nous fait entrer dans son univers, dans sa vie, ses amitiés, ses amours, ses relations aux autres, ses peurs, ses doutes, dans son hypersensibilité qui lui est personnelle. Comment, lorsque l'hypersensibilité est ignorée par l'entourage, peut-elle parfois générer une violence intérieure (jamais extérieure) et faire souffrir sans que les autres ne puissent même imaginer ce volcan intérieur sans arrêt en latence et prêt à exploser ? Et comment cette incompréhension peut-elle générer tant de tristesse, de peine, de dépression et de douleur ? Gilles s'adresse à nous tous, lecteurs et lectrices, avec courage et dignité. Il se met à nu, sans fard, sans complaisance. Car une chose aussi rassemble les hypersensibles, c'est la force intérieure, acquise au fil des ans et des expériences, heureuses comme malheureuses. Laissez-vous entraîner dans son jardin intérieur. Vous aurez tout à gagner à mieux connaître le fonctionnement des hypersensibles, et peut-être, même, à les regarder différemment ?

1

L'hypersensibilité, c'est quoi ?

Introduction

J'ai décidé d'écrire ce livre pour mettre en lumière ce trait de caractère particulier dont on parle tant ces dernières années, mais également pour le démystifier et dénoncer cette forme d'incompréhension dont nous sommes quelque part victimes, nous les fameux « hypersensibles ». Pourtant, nous ne sommes pas seuls à être « victimes » de cette incompréhension, car les autres, ceux qui interagissent avec nous, en subissent forcément aussi les conséquences. Ces « autres », pour qui nous sommes tantôt des « extraterrestres », tantôt des « chochottes » incapables de prendre du recul par rapport aux choses de la vie, sont tout autant incompréhensibles pour nous. Or, je ne vous apprends rien, l'incompréhension est généralement source de conflits, de tensions, de colères et de frustrations, pour ne citer que quelques problèmes.

« Le plus souvent, l'on ne voit que ce que l'on veut voir. On ne veut pas accorder aux autres l'indulgence que l'on s'accorde à soi-même. » Cette phrase de Gabrielle Lavallée pourrait résumer énormément de choses et s'appliquer à de nombreux domaines. Dans le cas de l'hypersensibilité, je trouve qu'elle est fort à propos également.

Dans ce livre, je ne vais ni vous parler de bons sentiments bienveillants, ni de solutions toutes faites, ni de mysticisme psychédélique, ni de bien-être, et encore moins vous faire des dissertations sur la beauté de la vie. Il existe déjà beaucoup d'ouvrages qui parlent de l'hypersensibilité sous cet angle. C'est pourquoi il m'a semblé nécessaire de vous faire part de mon propre ressenti. Mon point de vue personnel : un autre son de cloche ! Alors, je vais donc au contraire, et au risque d'amplifier encore un peu plus le «*mythe de la personne hypersensible malheureuse*», vous parler des ravages que cette sensibilité extrême peut avoir sur la psyché d'un individu possédant cet *apparent* «trait de caractère» (ce n'est pas réellement un «trait de caractère», j'y reviendrai). Car c'est une réalité – parfois sordide – même s'il existe beaucoup de personnes hypersensibles qui sont tout à fait épanouies. Et, de cause à effet, je vais vous parler de ce que cela peut engendrer comme galères et souffrances au niveau social et dans l'entourage direct et indirect. Vous ne trouverez pas dans ce livre de bons sentiments mielleux, vous y trouverez la réalité crue et brute de ce que certains d'entre «nous» vivent au quotidien (non, ce n'est pas une secte!). L'hypersensibilité peut être un atout sans aucun doute, une «chance». Mais chaque «don» a son «Côté Obscur», son revers de la médaille, et dans certains cas, ce revers peut avoir une puissance tellement destructrice et dévastatrice qu'elle en oblitère complètement les points positifs, pourtant bien existants. Ce «revers» est ainsi source d'une souffrance permanente qui semble incomprise «ad vitam aeternam». Il y a déjà suffisamment de livres qui expliquent comment gérer son hypersensibilité au quotidien, comment se comporter avec une personne possédant cette caractéristique de «personnalité» particulière, ce genre de choses. Alors, je tiens à compléter le tableau en y apportant mon témoignage sans concessions, sans gants. Dans mon cas, l'hypersensibilité est source de souffrance. Elle me tue à petit feu. Je me sens intérieurement détruit, littéralement fracassé. Ces émotions m'agressent, surgissent d'un coup de nulle part, m'étouffent, m'asphyxient, me rongent, me rendent la vie impossible. Parfois, j'ai l'impression d'être un mort-vivant, de «survivre» et non de «vivre». C'est comme si j'étais mort à l'intérieur. Je me sens incapable de m'intégrer à la société. Et l'une des choses les plus pénibles à supporter, c'est bien l'incompréhension « tenace » des gens. Leur regard d'incompréhension, d'inquisiteurs, de donneurs de leçons. Parfois même de mépris. Ils ne veulent rien savoir, rien voir, rien entendre. Tout ça, « c'est dans ma tête », disent-ils. Oui, effectivement, quelque part, c'est bien « dans ma tête », au sens physiologique du terme. Mais, et au risque de paraître prétentieux, une « tête » plus « performante » que la leur !

Hypersensibilité : charlatanisme ou réalité ?

Force est de constater qu'après avoir lu de nombreux témoignages, les personnes se disant hypersensibles ont quasiment toutes eu des expériences de vie similaires. Et je parle ici des petites choses de la vie quotidienne, bien sûr. Des petites choses, des réactions que la majorité des gens ne comprennent pas et, tel l'arroseur arrosé, pour parachever une sorte de boucle, pour nous, cette incompréhension reste également incompréhensible. Pourquoi cette incompréhension, parfois acharnée, de nos réactions ? Les choses sont pourtant tellement évidentes ! Alors pourquoi ne veulent-ils pas comprendre ? Sans doute se disent-ils la même chose… Pourquoi réagit-il avec une telle violence sur des « bêtises » ? C'est comme si ce que nous ressentions n'était pas légitime. On peut voir ça dans les deux sens, en fait. La plupart des gens sont extrêmement peu réceptifs à ce qu'ils ne connaissent pas et ne comprennent pas.

Alors, cette fameuse « *hypersensibilité* », qu'est-ce donc ? Serait-ce une forme de « *refuge* » pour les « *pleurnichards* », les « *faibles* », les « *chiffes molles* » ? Serait-ce aussi une mode, une tendance, un « *nouveau* » concept de « *bobos* » ? Serait-ce encore l'un de ces concepts pseudo mystiques très en vogue qui n'ont d'intérêt que l'effet placebo ? Peut-être qu'il y a bien un petit peu de tout cela. À certains niveaux. Mais peut-être aussi qu'il n'y a pas de fumée sans feu. N'ayant jamais été spécialement intéressé ni en phase avec ce genre de concepts et de discours que je considérais d'ailleurs plus comme de la psychologie de comptoir qu'autre chose, ma curiosité s'est un jour posée sur un article parlant du sujet. J'ai été fort surpris de me retrouver devant un descriptif détaillé (et précis !) de mon ressenti face aux choses du monde, face aux petites choses de la vie quotidienne. Bien entendu, étant méfiant de base, je me suis dit que c'était sûrement un petit peu comme ces horoscopes et autres thèmes astraux qui ne décrivent que des banalités dans lesquelles tout le monde se retrouve. J'ai tout de suite pensé que je me retrouvais devant ce qu'on appelle « *l'effet Barnum* ». « *L'effet Barnum désigne un biais cognitif induisant toute personne à accepter une vague description de la personnalité comme s'appliquant spécifiquement à elle-même.* » (Source : *Wikipédia*.) Du charlatanisme qui profite de la crédulité et de la naïveté des gens, en quelque sorte. Mais cela m'a tout de même interpellé au point de me pousser à approfondir mes recherches sur le sujet. J'avais besoin de « réponses » à mon mal-être. Mais je n'étais pas non plus prêt à accepter n'importe quoi comme réponse juste pour me rassurer et pour me voiler la face. L'être humain a souvent tendance à préférer un « *mensonge qui rassure* » plutôt qu'une « *vérité qui dérange* ». Et pour moi, faire l'autruche est juste inconcevable. Une fois la « boîte de Pandore » ouverte, il est impossible de la refermer, il n'est plus possible de « *dé-voir* » ce qui a été vu. Même s'il existe ce qu'on appelle la « *dissonance cognitive* », ce qui a été « vu » reste gravé quelque part dans votre tête jusqu'à ce qu'un évènement émotionnel, quel qu'il soit, fasse le déclic et vous plonge dans une réalité jusque-là niée.

Où se trouve le mensonge qui rassure et où se trouve la vérité qui dérange ? D'après Cathy Assenheim, psychologue clinicienne spécialisée en neuropsychologie, le cerveau « atypique » d'une personne « HSP » (Highly Sensitive Person/*Personne Hautement Sensible*) capte plus d'informations que la moyenne. Plus et plus rapidement. *Beaucoup plus rapidement !* Et c'est d'ordre biologique, ce n'est pas juste « dans la tête », comme certaines mauvaises langues disent. Même s'ils ont raison sur un point : c'est bien dans le cerveau que cela se passe (mais également en partie dans les intestins, avec ses 200 millions de neurones, considérés comme « 2e cerveau » du corps humain. D'où probablement l'expression « *prendre par les tripes* »). Ce fonctionnement particulier engendre donc forcément une cascade de réactions tout aussi particulières sur le métabolisme de l'individu hypersensible. Des réactions souvent extrêmement handicapantes. Mais, a contrario, le fonctionnement particulier d'un cerveau « hyper » est aussi souvent un atout majeur dans la vie (source : Cathy Assenheim, *Mon cerveau est hyper*, Éditions DeBoeck Supérieur). C'est donc en toute logique, et pour paraphraser la célèbre réplique de « l'oncle Ben » (*Spider-Man*), que je peux affirmer qu'un grand « pouvoir » demande une grande maîtrise de soi pour le contrôler. Or, ce n'est hélas pas donné à tout le monde, car ce « pouvoir » peut vous consumer jusqu'au « burn-out » et vous briser totalement.

Hyper sensible, Ultra performant !

L'hypersensibilité est ce fonctionnement cérébral particulier (souvent confondu avec « trait de caractère ») tant sous-estimé (pourtant, 20 % de la population serait concerné !), dénigré, voire nié par une grande partie de la population. La population de cette société formatée qui, d'un côté, veut promouvoir la « différence » (cet abominable politiquement correct hypocrite et consorts), et de l'autre, la nie totalement si elle ne répond pas ou ne correspond pas à certaines valeurs ou critères obscurs et brumeux, à cette pensée hyper formatée qui asphyxie l'humanité. J'entends aussi dire de certain(e)s que la course au « non-formatage » est également une forme de formatage… Peut-être bien. Mais quoi qu'on fasse, on sera de toute façon toujours accusé par quelqu'un de quelque chose et on sera toujours catalogué « ci » ou « ça ». C'est incontournable et vraiment pénible…

L'hypersensibilité, ce n'est pas un concept de magazines féminins ou de bien-être sorti de la tête d'un gourou d'une secte obscure d'une région reculée d'Inde. Ce n'est pas non plus une tendance new age ou new wave ou new tout ce que vous voulez, ni une chose apaisante pleine de bonheur, de bons sentiments dégoulinants. Il s'agit encore moins d'une maladie. L'hypersensibilité, c'est simplement une sensibilité exacerbée et, contrairement à ce que j'ai pensé un moment, ce n'est ni un trait de caractère ni un trait de personnalité, même si, en apparence, cela y ressemble fort. L'hypersensibilité, c'est donc une sensibilité puissante des neurotransmetteurs du cerveau chez la personne hypersensible. C'est de la biologie, de la neuroscience ! Rien que ça. En tout cas, c'est ce qu'affirme Cathy Assenheim dans son livre *Mon cerveau est hyper*, que je recommande vivement. Selon elle, le cerveau d'une personne hypersensible fonctionne différemment de celui de la plupart des gens : il a une activité neuronale beaucoup plus intense que la moyenne et ses neurones sont mieux connectés entre eux, ce qui lui permet de capter plus d'informations en moins de temps qu'un cerveau « ordinaire ».

Le cerveau fonctionne donc plus et plus vite, et ce de façon permanente. On appelle cela « hyperactivité cérébrale ». Bien entendu, qui dit plus de performances, dit aussi : besoin de plus d'apports d'énergie. Et c'est là que les problèmes commencent. Je vous passe les détails, mais en gros, cette demande massive d'énergie cause de nombreuses carences dans le corps, carences qui doivent être comblées sous peine « d'effondrement ». Le cerveau d'une personne hypersensible est toujours en alerte (réactions de « stress »). Cette hyperacuité et hyperactivité consomment beaucoup de ressources, et à force d'être sollicité, le corps dit « stop » à un moment donné. C'est pourquoi les hypersensibles sont souvent fatigués, déprimés et sujets au « burn-out » et aux dépressions chroniques. Ce n'est pas notre faute, c'est physiologique. Inutile donc de venir nous faire des remarques désobligeantes ou leçons de morale du genre : « *T'es toujours déprimé et fatigué, bouge-toi !* » Vous ne ferez que nous enfoncer encore plus, car vous rajoutez une dimension de culpabilité à une souffrance déjà fort présente. Inutile également de nous comparer à d'autres qui « souffrent plus » : ce n'est pas parce que d'autres souffrent plus que notre souffrance n'a pas droit au chapitre. En la niant et en nous rabaissant constamment, vous ne ferez qu'aggraver la situation et générer encore plus de frustrations et de conflits. Et vous ne voulez pas être en conflit avec un hypersensible, croyez-moi ! Vous êtes prévenus, ne venez plus dire que vous ne saviez pas ! Enfin, sachez à ce sujet que nous essayons au maximum de les éviter, ces conflits, car ils génèrent un épuisement extrême chez nous, ce qui peut être parfois – à tort – confondu avec de la lâcheté.

Souvent, nous sommes vus dans l'imaginaire collectif comme des pleurnichards (certes, il y en a, je ne le nie pas !).

Mais être sensible ne signifie pas être pleurnichard. Être sensible, c'est percevoir les choses du monde avec plus d'acuité, plus en détail, et c'est souvent aussi voir les choses plus en profondeur, là où le reste de la population n'effleure que la surface. L'hypersensibilité est un mode de fonctionnement cérébral qui implique de nombreux domaines (il peut être émotionnel ou sensoriel ou les deux à la fois), puisque nous sommes plus sensibles et donc, forcément, cette sensibilité s'exprime à différents niveaux et de façon très variée. D'où le fait que les gens hypersensibles aient souvent développé une forte sensibilité artistique également (l'hyperactivité du cerveau chez un hypersensible est surtout concentrée dans le cerveau droit, la partie du cerveau qui gère l'émotionnel et l'artistique). D'ailleurs, ne dit-on pas d'un appareil électronique (ou même mécanique) que plus il est sensible, plus il est performant et permet ainsi de s'attarder sur les détails ? Un micro de cinéma performant, par exemple, est ultrasensible (hypersensible ?) et perçoit les moindres détails sonores lors du tournage d'un film : un soupir, le froissement d'une feuille de papier ou le bruit d'un pas à 100 mètres... Tous ceux qui ont déjà fait l'expérience de tournage le savent. Les ingénieurs son encore plus (ne criez pas à côté d'un micro de cinéma si vous ne voulez pas que le perchiste devienne sourd !). Au plus le micro sera sensible, au plus il sera performant. Et forcément, il perçoit autant les petits détails importants que les défauts. Avec l'hypersensibilité, c'est exactement pareil ! Nous sommes très performants... mais le moindre défaut, le moindre accroc peut tout ruiner ! Vu que nous percevons les choses avec plus d'acuité, nous percevons donc tant les choses positives que négatives, et ceci avec la même intensité. Et ça, pour cette dernière, cette société des apparences va bien nous le reprocher... à la limite du harcèlement. Jusqu'à nous crucifier. J'y reviendrai. Un autre exemple me vient en tête : j'ai un jour eu la chance de monter à bord d'une véritable Lamborghini (à 300 000 $, s'il vous plaît !). Son propriétaire m'avait dit que le moteur était tellement sensible qu'un rien pouvait le réduire à l'état d'épave (coût du remplacement du moteur : 50 000 $... rien que ça !). Simplement « mal » tourner la clé pour allumer le moteur pouvait « le faire péter ». Les hypersensibles sont-ils donc une sorte de Lamborghini humains ? Ultra performants, mais aussi ultra fragiles ? L'idée est en tout cas plaisante.

L'hypersensibilité : un processus biologique précis !

Comme expliqué dans le paragraphe précédent, être hypersensible, c'est bel et bien avoir un cerveau atypique qui fonctionne différemment de celui du reste de la population. Je tiens à remercier Cathy Assenheim pour avoir contribué à nous éclairer sur le sujet. Je vais tenter ici de résumer tous ces processus qui font de nous des êtres un petit peu « à part » et souvent perçus comme des « extraterrestres » par beaucoup d'entre vous. Tout ceci a pourtant une explication physiologique. Certaines zones d'un cerveau hypersensible ont donc une activité neuronale plus intense que la moyenne (plus de neurones, mieux connectés), ce qui a pour conséquence un traitement plus rapide et plus précis des informations captées (sensibilité !). Le système nerveux est ainsi plus stimulé, car il capte plus d'informations qu'un cerveau « standard », il capte plus de détails et plus vite. De plus, le « seuil d'activation » aux stimuli extérieurs comme intérieurs est extrêmement bas (il s'active très vite). Ce qui explique qu'un cerveau hypersensible est constamment en éveil et donne l'impression de « trop penser », ce qui cause aussi ce qu'on appelle des « ruminations mentales ». Vous l'aurez compris, nous sommes plus attentifs aux détails, nous percevons les choses (changements, ambiances, humeurs, etc.) généralement avant les autres et de façon beaucoup plus précise. Même si nous avons souvent du mal à expliquer le pourquoi du comment. C'est un petit peu comme une intuition ou une impression, le cerveau capte tout un tas d'informations qui ne sont pas toujours évidentes à décoder au premier abord. On peut d'ailleurs parler d'une sorte de « sixième sens ». Hélas, cette hyperactivité n'est pas sans conséquence. Le cerveau étant « en alerte » quasi en permanence, celui-ci doit s'adapter à cette situation qui normalement n'est que ponctuelle chez une personne de sensibilité « standard ». Lorsque vous êtes face à un danger, votre cerveau s'active avec ce qu'on appelle la « réaction de stress » : ceci implique tout un tas de réactions physiologiques (production d'adrénaline et de cortisol notamment). Chez une personne hypersensible, cette « alarme » (réactivité cérébrale) est particulièrement sensible. Techniquement, ce processus est le fait du cerveau droit (même partie du cerveau que celui des émotions). Or, les deux hémisphères ne pouvant fonctionner intensément en même temps, cela engendre une déficience temporaire des fonctions de l'hémisphère gauche (attention, mémoire immédiate, concentration, raisonnement...). Cette saturation cause également une perte massive d'énergie. Et pour soutenir cette activité neuronale intense, le cerveau doit puiser dans toutes les ressources qu'il trouve, ce qui cause bien entendu d'autres problèmes : troubles du sommeil, problèmes digestifs, palpitations... Pour en rajouter encore une couche, l'hyperactivité cérébrale fait fluctuer tout un tas d'hormones, comme par exemple la dopamine (hormone du plaisir), ce qui peut, combiné avec une carence en sérotonine (l'hormone du bien-être, les réactions de stress répétées affaiblissent la production de celle-ci), nous amener à des variations d'humeur et à des périodes de déprime, voire de dépression jusqu'à l'effondrement total du corps (le fameux « burn-out »). Toutes ces réactions en cascade en engendrent malheureusement encore bien d'autres. Ceci n'est que le sommet de l'iceberg !

Pourquoi nous accuse-t-on régulièrement de réagir avec excès ? Les capteurs de notre cerveau sont tellement sensibles, développés et réactifs qu'il réagit plus fort et amplifie les perceptions (on réagit souvent au « quart de tour »). Pour rajouter à cela, les stimuli peuvent aussi activer une sorte de mémoire interne qui va inconsciemment (ou même consciemment) réactiver des douleurs ou frustrations enfouies. Plusieurs déclencheurs peuvent donc s'activer en même temps et c'est une sorte « d'explosion émotionnelle » qui se produit alors.

Voici donc une explication scientifique (très très résumée) de l'hypersensibilité. Je ne développerai pas plus, car ce livre est avant tout un témoignage et non un ouvrage scientifique. Je laisse ça aux professionnels. Pour cela, je vous renvoie encore une fois au livre *Mon cerveau est hyper* de Cathy Assenheim (Éditions DeBoeck Supérieur), qui m'a beaucoup aidé pour comprendre tous ces mécanismes. Mais il était nécessaire, selon moi, de vous démontrer brièvement que ce n'est pas juste un phénomène de mode ni une lubie qui se passe « dans la tête ».

L'hypersensibilité : Définition(s) et caractéristiques

Pour vous situer par rapport à tout ce que je viens de dire, voici une liste des principales caractéristiques d'une personne hypersensible. C'est une compilation de tout ce que j'ai trouvé comme caractéristiques provenant de sources très variées. Il y a des descriptions extrêmement précises et tout le monde se retrouvera probablement dans de nombreux points (ah, ce cher effet Barnum…). Par contre, si vous acquiescez à 90 % de ces points, il y a de fortes chances que vous soyez comme moi. Moi pour qui, dans toute cette liste, il n'y a réellement qu'un seul point dans lequel je ne me retrouve pas (et encore !)… Mais sachez aussi qu'il n'y a pas un profil type d'hypersensible, il y a juste des tendances, car il y a autant de profils hypersensibles qu'il y a d'individus.

Être hypersensible, c'est donc être…

– Vite submergé(e) par ses propres émotions et celles des autres,
– Empathique, émotif(ve), intuitif(ve),
– Solitaire, avoir besoin de se retirer et d'avoir du calme, mal à l'aise au sein d'un groupe ou dans un lieu bondé de monde, avoir du mal à être soi-même en présence d'autres personnes,
– Vite agacé(e) et agressé(e) par les bruits ambiants (tic-tac, brouhaha, bruits répétitifs, bruits de voisinage, etc.),
– Minutieux(se) à tendance perfectionniste, voire même maniaque, avoir le souci du détail (rien ne passe inaperçu),
– Dur(e) et exigeant(e) avec soi-même, en proie à de forts sentiments de culpabilité en cas d'échecs ou d'erreurs,
– Anxieux(se) et stressé(e) pour tout,
– Mal à l'aise avec la prise de décisions et d'autant plus contrarié(e) lors d'une mauvaise prise de décision,
– À l'écoute, avec une grande capacité pour analyser ce qui l'entoure et en saisir les différentes facettes,
– En difficulté pour se remettre d'une épreuve difficile (il faut beaucoup de temps pour se « soigner » émotionnellement),
– Parfois extrêmement perturbé(e) par une pensée ou une idée, importante ou non,

– Hanté(e) par cette sensation d'être « nu(e) » et « sans carapace » pour se protéger contre les aléas de la vie et les émotions vécues,

– Très imaginatif(ve) avec une tendance à exagérer les faits,

– Submergé(e) d'idées, très créatif(ve) avec un sens profond pour l'artistique,

– Déterminé(e), têtu(e),

– En perpétuel questionnement, remise en question avec une grande capacité d'introspection, parfois à la limite du « burn-out »,

– En nécessité d'avoir du temps pour répondre et pour la réflexion,

– En proie aux insomnies régulières (1 000 idées traversent l'esprit au moment de se coucher),

– Curieux(se), avoir le goût et le besoin de découvrir de nouvelles choses et expériences,

– En proie aux émotions fortes, ressenties et extériorisées (colère, joie, tristesse, peur, dégoût, amour, surprise), aux réactions violentes et à la surréaction,

– Méfiant(e) et prudent(e),

– Introverti(e) (+/- 70 %) ou au contraire, extraverti(e) (+/- 30 %),

– À la fois vulnérable et très fort(e) (mais vite contrarié(e)),

– Particulièrement sensible à la lumière, aux bruits, aux odeurs,

– En manque de confiance en soi, avec des difficultés à poser ses limites,

– En perte de ses moyens lorsqu'il/elle se sent observé(e),

– Mal à l'aise avec le commérage et les situations de stress,

– Quelqu'un qui n'aime pas les stéréotypes, « Je ne suis pas les autres, je suis moi »,

– Doué(e) dans son travail avec souvent un sentiment de manque de reconnaissance,

– Allergique à l'injustice et au manque de respect d'autrui, en proie à la colère ou au ressentiment dans des situations qui paraissent injustes,

– Sujet(te) au manque de concentration,

– *Trop gentil(le) (les gens en profitent souvent),*
– *Quelqu'un qui sursaute facilement à cause d'un bruit soudain,*
– *Quelqu'un qui n'aime pas les émissions ou les films violents,*
– *Quelqu'un qui se sent souvent jugé, même sans preuves,*
– *En demande de l'approbation de l'autre avec la peur d'être jugé(e) ou rejeté(e) (même lorsque ce ne sont pas des situations importantes),*
– *En difficulté pour se libérer des pensées et des émotions négatives,*
– *En proie aux maux physiques, migraines ou stress après une situation désagréable au cours de la journée,*
– *Très vite blessé(e) (émotionnellement) par les autres,*
– *Toujours « négatif(ve) » aux yeux des autres, car être hypersensible, c'est aborder régulièrement le sujet des émotions négatives (la vie est remplie de « drames »),*
– *En difficulté pour accepter les critiques, même si elles sont constructives et bien intentionnées,*
– *En perpétuel questionnement et préoccupation au sujet de ce que les autres pensent de lui/elle,*
– *Une personne qui a tendance à prendre les choses trop personnellement,*
– *Une personne qui a du mal à lâcher prise quand les gens le/la provoquent (même avec une simple petite remarque désagréable),*
– *Une personne qui s'investit différemment dans les relations tant amicales qu'amoureuses et sexuelles (car les sensations sont plus fortement ressenties),*
– *Une personne qui n'aime pas être trop sollicitée. Être sollicité(e) de partout est une source de stress, d'angoisses, de panique qui rend fou/folle. C'est avoir une sensation d'être complètement submergé(e), noyé(e), d'étouffer, d'être perdu(e),*
– *Incapable de s'occuper de 2 choses dans un même laps de temps,*
– *Perçu(e) de l'extérieur comme quelqu'un de calme (alors qu'intérieurement, c'est la tempête en permanence),*
– *En besoin perpétuel de stimulation et de soutien.*

Je vais développer certains de ces points plus en détail plus tard. Mais dans tout ceci, seule la référence aux films « violents » ne me correspond pas. Au contraire, j'ai toujours aimé ça (sauf s'il s'agit d'un film d'épouvante vraiment trop « réaliste » ou avec une violence psychologique intense. Il y a en effet certains films d'horreur qu'il m'est difficile de regarder, mais ils sont très rares néanmoins). D'ailleurs, je peux vous le dire, mon prochain livre sera justement un roman d'horreur terrifiant. Quoi qu'il en soit, je me retrouve ici devant un descriptif hyper détaillé de ma personnalité. C'est comme si je venais de me décrire. C'est extrêmement perturbant et assez intime à la fois. J'ai un petit peu cette sensation désagréable de me retrouver « nu » devant vous. Serais-je devant ce fameux « effet Barnum » que j'ai mentionné plus haut ? En tout cas, si je devais décrire ma personnalité, c'est en partie ainsi que je le ferais.

Ceci étant, il me semble néanmoins important de préciser ce qui suit : d'après Cathy Assenheim, dont j'ai déjà parlé plus haut, « *être à "haut potentiel", tout comme être "hypersensible", découle d'un diagnostic clinique. Il ne suffit donc pas de se déclarer pour l'être, ou de se trouver des similitudes de fonctionnement en cochant les cases d'un test de magazine.* »

Voici encore comment l'hypersensibilité est définie selon différentes sources :

« *L'hypersensibilité, en psychologie, est une sensibilité plus haute que la moyenne, provisoirement ou durablement, pouvant être vécue avec difficulté par la personne concernée elle-même ou perçue comme "exagérée", voire "extrême", par son entourage. Cette notion renvoie à un tempérament, à une caractéristique individuelle qui permet d'identifier un ensemble clinique défini en 1996 par Elaine Aron. L'auteur revi-*

site, par le biais d'études empiriques, le concept de "sensibilité innée" introduite en 1913 par Carl Gustav Jung. Selon les recherches qui ont suivi, les "individus hautement sensibles" représenteraient entre 15 et 35 % de la population. Les caractéristiques de cet ensemble découlent d'une plus forte réactivité à une même stimulation, ce qui a des aspects positifs – Jung parle de "caractère enrichissant" – et des aspects négatifs, comme une sensibilité accrue à la peur. » (Source : *fr.wikipedia.org/wiki/Hypersensibilité_(psychologie)*)

Selon Carl Jung : « *Cette sensibilité excessive apporte très souvent un enrichissement de la personnalité et contribue plus à son charme qu'à la défaite du caractère d'une personne. Seulement, lorsque des situations inhabituelles surviennent, l'avantage se transforme fréquemment en un très grand inconvénient, car la considération calme est alors perturbée par des affects intempestifs. Rien ne saurait être plus faux, cependant, que de considérer cette sensibilité excessive comme en soi une composante de caractère pathologique. Si tel était vraiment le cas, nous devrions évaluer environ un quart de l'humanité comme pathologique. Pourtant, si cette sensibilité a des conséquences destructrices pour l'individu, il faut admettre qu'elle ne peut plus être considérée comme tout à fait normale.* »

Pour compléter cette description, Elaine N. Aron, psychologue et chercheuse américaine, reconnue comme étant l'une des plus grandes spécialistes au monde de l'hypersensibilité, a réalisé un test/questionnaire de 27 questions pour déterminer si vous êtes hypersensible ou non.

Êtes-vous vite/facilement submergé(e) par des stimuli de la vie quotidienne ; remarquez-vous systématiquement tous les détails de votre environnement ; avez-vous besoin de vous isoler après avoir vu du monde ; les bruits répétitifs, les odeurs fortes, les lumières vives vous dérangent ; vous êtes particulièrement sensible à l'artistique ; vous perdez les pédales lorsque vous devez faire trop de choses à la fois ou lorsqu'il se passe trop de choses autour de vous ; vous évitez au maximum les situations de conflit ou celles qui vous donnent l'impression d'être submergé ; enfant, on disait de vous que vous étiez timide ou sensible… Voici quelques éléments qui vous permettront de vous faire une idée pour savoir si vous êtes ou non hypersensible. En tout cas, c'est une première étape d'un diagnostic qui ne doit pas se limiter à quelques questions, bien entendu. Le test étant soumis à un copyright, vous le retrouverez dans sa version originale (en anglais) et intégrale ici : *https://hsperson.com/test/highly-sensitive-test/*

Si vous répondez par l'affirmatif à au moins 14 des questions du test, vous êtes probablement hypersensible. Pour ma part, j'ai 22 « oui » sur 27.

Hypersensibilité et autres « hyper » qualificatifs

Quand je lis tous ces articles sur le Net sur le sujet de l'hypersensibilité, je ne me sens ni à l'aise ni en phase avec tout ça : j'ai l'impression d'être catalogué, d'avoir une étiquette sur la tête, de me retrouver dans une sorte de « secte ». Tous ces termes, « hypersensible », « hyper-empathe », hyperceci, hypercela, ça fait très psychologie de comptoir, je trouve. Mais parce que je veux rester ouvert d'esprit, j'ai fait pas mal de ces tests trouvés sur le Net. Pour ce que ça vaut. Mais surtout pour me faire ma propre opinion. Alors, d'après ces tests, je serais également ce qu'ils appellent « hyper-empathe ». Et de loin, apparemment. Je vous l'avoue honnêtement, je déteste ces termes, ça fait très « secte de bien-être », le genre de choses qu'on retrouve dans tous ces magazines féminins (je n'ai rien contre les magazines féminins, hein). En gros, l'hyper-empathie serait donc le fait d'absorber les émotions ambiantes, de l'entourage, lorsqu'on regarde la TV ou des vidéos sur le Net, par exemple. C'est être une vraie éponge émotionnelle. Ce que je suis... à mon grand désespoir. L'hyper-empathie est en fait une conséquence, ou un trait de fonctionnement, de l'hypersensibilité : elle provient du réseau de « neurones miroirs » qui est surdéveloppé chez ces individus (j'y reviendrai). Un hypersensible serait donc hyper-empathe, mais un hyper-empathe ne serait pas nécessairement hypersensible (puisque tout le monde possède des « neurones miroirs »).

Outre l'hypersensibilité, il y a donc d'autres concepts « du même genre ». Je vais brièvement parler de ces autres concepts, juste pour vous situer dans cette « toile d'araignée » qui parfois se mélange dans un flou artistique détonant et déroutant. Certains de ces concepts avaient d'ailleurs déjà attiré mon attention auparavant, comme par exemple le fait d'être un « HPE » (Haut Potentiel Émotionnel). À ne pas confondre avec « HPI » (Haut Potentiel Intellectuel), le surdoué « classique » dont le cerveau (hémisphère gauche) est également « hyper ». C'est une personne de mon entourage qui m'en avait parlé il y a quelques années. Sur ses conseils, j'ai donc fait quelques recherches sur le sujet. Selon elle, ça ne faisait quasi aucun doute que j'étais bel et bien l'un de ces fameux « HPE ». Ceci me rappelle que ce n'était pas la première fois que j'ai été pris pour un « haut potentiel », puisque très tôt dans ma vie, mes professeurs m'ont fait sauter une classe, estimant que j'étais « plus avancé » que les autres enfants de mon âge. Mais hélas, quelques années plus tard, mon incapacité à m'intégrer à ma nouvelle école et mes difficultés de socialisation m'ont fait perdre cette avance, et l'année gagnée, je l'ai finalement perdue. Mon potentiel fut ainsi « bridé » par mon décalage social, et pour un enfant, c'est une chose extrêmement difficile à vivre. Mais comme le dit encore une fois Cathy Assenheim : « *Non, un enfant qui semble un peu plus éveillé que son frère n'est pas forcément HP.* »

L'hypersensibilité et la haute potentialité ne sont pas incompatibles et même souvent complémentaires. « *Le Haut Potentiel Émotionnel correspond à une intelligence émotionnelle particulière, très supérieure à celle des personnes de sa classe d'âge. C'est une forme de surdouance caractérisée par des aptitudes émotionnelles très développées.* » (Source : *bilan-psychologique.com*)

Parmi les principales caractéristiques du « HPE » figureraient celles-ci :

– *L'hypersensibilité émotionnelle,*
– *La forte sensibilité sensorielle,*
– *Le perfectionnisme,*
– *L'empathie,*
– *Une activité de réflexion importante, foisonnante,*
– *La compréhension intuitive de certaines situations,*
– *La sensibilité à l'injustice,*
– *Le vécu de décalage avec autrui.*

Caractéristiques dans lesquelles je me retrouve à 100 %. Pourtant, être hypersensible ne signifie pas nécessairement être « HPE ». D'après ce descriptif, vous remarquerez que l'hypersensibilité (émotionnelle) n'est que l'un des points parmi les autres. Et puis, d'après certaines sources, toutes ces autres caractéristiques feraient elles-mêmes partie des caractéristiques de l'hypersensibilité. Dès lors, comment s'y retrouver ? Tout ça est vraiment très confus. D'ailleurs, le haut potentiel émotionnel est un concept qui entraîne de nombreuses polémiques et dont beaucoup réfutent son existence même. Le quotient émotionnel ne serait juste qu'un indice particulier du fonctionnement cognitif. Mais finalement, est-ce important de se mettre ainsi une étiquette sur le front ? Je pense que l'important est simplement d'être conscient de vos qualités et de vos défauts et d'agir en conséquence.

Alors, serais-je une sorte de « surdoué » émotionnel ? Bien que je m'y sois un petit peu identifié à une époque, cela me semblait fort prétentieux. Je ne me sens pas surdoué. Mais paraît-il que ça n'a rien à voir avec la « surdouance » classique comme on le suggère généralement dans l'imaginaire collectif. Lorsqu'on parle de surdoués, généralement, on a l'image du génie en maths, en physique, etc. De l'intello de base coincé. L'intelligence émotionnelle serait une autre forme d'intelligence, une intelligence qui donnerait par exemple des « capacités » plus développées que la moyenne, notamment du côté artistique. Pour bien vous faire comprendre cette histoire d'intelligence, imaginez un poisson. Un poisson est doué pour nager, n'est-ce pas ? Par contre, ne lui demandez pas de faire un 100 m de course à pied ! Son « intelligence » se limitera donc à la « natation ». Ce n'est qu'un exemple, bien entendu. Ceci dit, je ne pense pas qu'être « haut potentiel intellectuel » soit incompatible avec le fait d'être également « haut potentiel émotionnel ». Mais néanmoins, je pense que les personnes qui combinent ces 2 caractéristiques sont plutôt rares et doivent avoir un charisme extraordinaire.

« L'intelligence émotionnelle désigne l'habileté à percevoir et à exprimer les émotions, à les intégrer pour faciliter la pensée, à comprendre et à raisonner avec les émotions, ainsi qu'à réguler les émotions chez soi et chez les autres. » (Mayer & Salovey, 1997)

Encore d'après le site *bilan-psychologique.com*, avoir un « haut potentiel émotionnel », c'est avoir des aptitudes particulièrement développées pour le leadership, le management, la réussite professionnelle et les relations aux autres. Autant je me retrouvais dans la première catégorie de « caractéristiques », autant je ne me retrouve pas dans ces dernières. Clairement, ce n'est pas « moi ». Bien au contraire... Mes relations aux autres sont une véritable catastrophe, tellement catastrophiques qu'elles me semblent être un puits sans fond. Le « management », ça m'angoisse terriblement, et la réussite professionnelle, quant à elle, je l'attends toujours. D'ailleurs, il faudrait déjà que je me trouve un « vrai » créneau professionnel (oui, il paraît qu'être auteur n'est pas un « vrai » travail, pas plus qu'être artiste, d'ailleurs – et qui plus est, nous sommes en plus récemment devenus « non essentiels »)... Car je suis aussi « multipotentiel » (encore un autre concept) et je touche un peu à tout. Le « leadership », n'en parlons même pas, mes brèves expériences en la matière furent des échecs cuisants. Je suis « trop gentil » pour avoir une quelconque autorité.

Qu'est-ce qu'un « *multipotentiel* », alors ?

« *Un multipotentialiste est une personne curieuse, créative et passionnée ayant une multitude de centres d'intérêt et une créativité effervescente. Son mode de pensée est surtout en arborescence et sa vision des choses est souvent globale. Au sens fort, lorsque la personne est bien alignée, elle est douée dans divers domaines d'activités différentes et elle est performante. Au sens faible, elle cultive un large champ d'intérêt dans des domaines indépendants, sans pour autant que cet intérêt soit accompagné d'un haut niveau de performance.* » (Élaine Brière, Coach)

Voyons voir, j'ai été tour à tour dessinateur, illustrateur, webdesigner, infographiste, scénariste, photographe, acteur, auteur, formateur (« prof », mais je n'aimais pas ça) et récemment, je touche à la musique aussi. Ah, et il paraît que je suis extrêmement doué pour les massages, on m'a plusieurs fois suggéré de « passer pro », car j'aurais des « doigts en or ». J'ai toujours reçu les compliments de tout le monde pour mon « talent » (même si paradoxalement, je ne me sens pas reconnu et souvent sous-estimé, j'y reviendrai) au point d'être sans cesse sollicité pour ça. Jusqu'à l'abus. Vous savez, tout le monde veut toujours tout gratuitement avec des justifications du genre : « *je ne vais pas te payer, mais ça va te faire connaître, te faire de la pub* », « *tu pourras rajouter ça à ton portfolio* », « *je ne vais quand même pas te payer pour faire des dessins, c'est un hobby, c'est du plaisir* », etc., etc. Oui, l'art, ce n'est pas un « vrai » travail. Compris. Heureusement qu'il y a le cinéma et la TV où vous pouvez regarder des films et séries TV faits par des gens dont c'est le « hobby ». Ou écouter les chansons de vos groupes préférés qui chantent pour passer le temps. Sérieusement, j'ai bossé avec des acteurs hollywoodiens, une affiche que j'ai faite a été placardée dans le métro à San Francisco, vous croyez que faire un flyer pour votre boulangerie va « me faire connaître » ? Le prochain qui me sort ce genre d'excuses, je lui fais avaler son smartphone et je le crucifie sur sa porte. Ça me fera un portfolio… Oseriez-vous demander à un chef cuistot de vous faire à manger gratuitement dans son restaurant parce que « cuisiner est un plaisir » ? Vous allez faire une photo de votre assiette pour lui faire « de la pub » ? Alors, stop au manque de respect envers les artistes ! Sans eux, votre vie serait d'un ennui effroyable.

Conclusions

Hypersensibilité, multipotentialité, haut potentiel émotionnel… voilà tout un tas de concepts qui me sont passés devant les yeux dans ma quête de réponses pour trouver enfin « *ce qui ne va pas chez moi* ». Car toute ma vie, je me suis toujours senti « différent », « à l'écart » et incompris, avec en plus cette incapacité quasi maladive à m'intégrer à un groupe, quel qu'il soit (ça finit toujours mal, je ne m'adapte pas, etc.). Un petit peu comme si j'étais un extraterrestre. Depuis longtemps, j'essaye de comprendre pourquoi je suis « *comme ça* », avec toujours ce sentiment de culpabilité qui me ronge et que la société contribue à exacerber chaque jour qui passe. Comme si j'étais « *coupable* » d'être ce que je suis et de ressentir les choses « *différemment* » de la majorité. Si je suis comme je suis, c'est ma faute, je n'avais qu'à… ou je n'avais qu'à pas… C'est comme ça. On me le dit, répète, on me le fait lourdement comprendre, et puis je me le dis aussi, ça tourne dans mon cerveau jusqu'à m'en rendre malade. J'ai parfois (souvent même !) l'impression d'être un « handicapé social », un être impropre à la socialisation.

Sur Internet, on peut lire bon nombre de textes, documentations, légitimes ou non, sérieux ou non, sur le sujet. Ça part un petit peu dans tous les sens. Pas simple de s'y retrouver dans cette jungle… Alors plutôt que de radoter les mêmes choses et vous parler de tous ces concepts avec ces termes « barbares » qui ressemblent tous à des tentatives désespérées de cataloguer les gens, dans le chapitre suivant, je vais juste vous décrire mon quotidien face à des situations vécues. Parfois aux allures insignifiantes, parfois moins insignifiantes. Des choses qui pourront sans doute vous paraître hors sujet, mais qui ne sont que le résultat d'un ressenti différent. Des gens se reconnaîtront sans doute, d'autres peut-être moins ou pas du tout. Vous, le lecteur, vous vous ferez votre propre opinion. J'aurai la mienne que je n'hésiterai pas à mettre en avant.

Au final, est-ce que ça aide vraiment d'avoir ainsi une étiquette sur le front ? Dans un premier temps, on peut se sentir « soulagé » de ne pas se sentir seul, de faire partie d'un « groupe », de se dire que nous ne sommes pas complètement « fous » ou « déglingués » mentalement. Mais est-ce que ça change fondamentalement notre quotidien ? Ma réponse est « non, pas vraiment », d'autant que les gens, pour le dire crûment, s'en battent les couilles. Il faut dire les choses telles qu'elles sont et être réaliste. Vous tentez de leur expliquer ce qu'est l'hypersensibilité, ils vous rient au nez et vous prennent pour un « Calimero » qui geint tout le temps. Voire un demeuré. Je n'invente rien, c'est du vécu...

2

L'hypersensibilité au quotidien

Introduction

Dans ce chapitre, je vais vous parler de mon quotidien face à la vie, aux choses du monde, à l'environnement, face aux autres. Comment vivons-nous les choses au quotidien ? Comment fonctionnons-nous concrètement ? Les interactions sont parfois difficiles et compliquées, souvent sources de frustrations et d'incompréhensions, d'un côté comme de l'autre. Les malentendus sont très fréquents. Je vais également vous donner quelques exemples d'autres personnes qui ont eu la gentillesse de me faire part de leurs expériences. Certaines choses pourront vous paraître hors propos, mais j'estime que ça fait partie d'un tout, d'une façon de voir et ressentir le monde. Vous savez maintenant que l'hypersensibilité n'est pas une lubie, c'est un ensemble de facteurs biologiques précis qui jouent sur tout un tas de fonctions cognitives. L'hypersensibilité est une force et certainement pas une faiblesse. Néanmoins, c'est une force fragile... Car une lame hyper aiguisée peut facilement s'émousser...

Hypersensible, hyper négatif ?

Ne vous méprenez pas, ce livre n'est ni une plainte ni un défouloir. J'explique les choses telles qu'elles sont pour que vous puissiez comprendre un ressenti et un point de vue probablement très différents du vôtre. Car nous sommes aussi régulièrement accusés de « *nous plaindre tout le temps* » et c'est très pénible. Il y a une grande différence entre dire les choses telles qu'elles sont et « *se plaindre* ». Or, la plupart des gens mettent tout dans le même sac et sont incapables de percevoir la nuance. Pour eux, décrire un problème, une situation difficile ou même dire que quelque chose est mauvais, c'est « *se plaindre* ». Non, non et NON ! Ces accusations doivent cesser ! Prenez l'exemple des journaux d'infos : à la TV, à la radio, sur Internet. Voyez-vous beaucoup de « bonnes » nouvelles, vous ? Moi pas, ce sont toujours des drames, des catastrophes, des problèmes, des incidents. Du « négatif » ! Pour autant, accusez-vous systématiquement les médias de « se plaindre » ?

« *Oh, il fait encore son Calimero* », je l'entends déjà venir. Ça aussi, c'est extrêmement pénible et vexant. Combien de fois me l'a-t-on déjà dit ! C'est un grand classique ! La prochaine fois que je l'entends, je crois que la machine à baffes va se mettre en route.

J'ai décidé d'écrire ce livre aujourd'hui parce que j'ai découvert ce concept d'hypersensibilité il n'y a pas si longtemps et que, à défaut de me donner des solutions satisfaisantes, il explique beaucoup de choses dans ma vie et certainement dans la vie de beaucoup d'entre vous. Et aussi parce que, pour vous dire, les gens ne cessent de me faire des reproches tout le temps. Et c'est de pire en pire. Alors, à un moment donné, la coupe est pleine. Donc plutôt que de culpabiliser d'être ce que je suis, d'être qui je suis, de devoir subir à longueur de temps les reproches des autres sans broncher (sous peine de « représailles »), il m'a semblé nécessaire de mettre par écrit tout ceci. De plus, je peux m'appuyer sur cette notion d'hypersensibilité comme je m'appuierais sur une sorte de béquille. Et peut-être me dire qu'au fond, je ne suis pas « anormal » ni « malade » et qu'il y a d'autres gens « comme moi ». Et parce qu'aussi, aujourd'hui, je me sens détruit, détruit de l'intérieur par cette sensibilité qui me consume à petit feu, par cette société et ses diktats qui me refuse ma place si je ne rentre pas bien gentiment dans le rang, notamment le rang de l'hyper « positivisme ».

Car aujourd'hui, si vous ne montrez pas patte blanche de l'optimisme, de ce positivisme dégoulinant officieusement « obligatoire », suffocant, oppressant et omniprésent, vous êtes ainsi mis au ban de la société, rabaissé, catalogué et étiqueté comme « triste personnage » à fuir absolument. J'ai souvent entendu dire qu'il fallait à tout prix s'éloigner des personnes (perçues comme) « négatives ». N'est-ce pas quelque part ignoble de dire ce genre de choses ? Qu'est-ce qu'une personne « négative », d'abord ? Et pourquoi est-elle perçue à vos yeux comme telle ? Et surtout sur quoi vous basez-vous et qui êtes-vous pour ainsi juger quelqu'un ? Ne pensez-vous pas que son apparente négativité cacherait peut-être une énorme souffrance ? Et en vous éloignant d'elle, peut-être ne ferez-vous alors que renforcer encore un peu plus son mal-être. Réfléchissez-y donc à deux fois avant de bannir quelqu'un de votre vie pour des raisons aussi futiles. Car votre perception de la réalité n'est pas forcément la réalité !

Cet optimisme de forcenés est extrêmement épuisant pour nous les « hypersensibles », épuisant et source d'angoisses, de stress, de « burn-out », de surmenage et de dépression, car c'est une énorme pression qui parfois peut mener au pire. Je parle du suicide, puisqu'il faut bien le dire. Une personne en détresse, au lieu de l'entourer, on lui reprochera son acte, car elle « *veut juste attirer l'attention* ». Et quand bien même ce serait le cas ? Raison de plus pour la soutenir et non la culpabiliser encore plus. Imaginez sa détresse pour en arriver à de telles extrémités ! N'a-t-elle pas besoin de votre soutien plutôt que de votre mépris et de vos reproches ? Encore une façon de nier une souffrance et de creuser encore plus profondément sa tombe. Cette sensibilité extrême est cette sensation qui vous prend par les tripes, vous dévore, vous brise, vous asphyxie jusqu'à ne plus être capable de la supporter, jusqu'à un point de non-retour. C'est cette angoisse qui vous fait vous poser mille questions à la minute, qui vous fait vous remettre en question et remettre en question le monde à chaque instant jusqu'à la chute, une chute dont un jour, vous ne vous relèverez plus. Et si, en plus, votre entourage vous stigmatise avec des réflexions du genre : « *il faut prendre le taureau par les cornes* », « *arrête de faire ton Calimero* », « *tu te plains tout le temps* », « *t'es trop négatif, bye* », « *bouge-toi, bouge ton cul* », « *prends du recul* », « *tu prends les choses trop à cœur* », « *t'es toujours fatigué, toujours déprimé, tu ne vas jamais bien* », « *regarde, un tel a vécu ceci et il ne se plaint pas* », « *pense aux gens qui crèvent de faim dans le monde* », etc., etc., vous risquez ainsi de creuser votre tombe petit à petit jusqu'à ce que la société vous ait sucé toute votre énergie et qu'il ne vous reste plus qu'une seule solution pour mettre fin à ce calvaire. Et ces reproches, je les entends à longueur de temps. Comme si ce n'était pas déjà assez pénible, on me balance ça à la gueule systématiquement en remuant bien le couteau dans la plaie : je suis coupable. Comme si j'avais commis un crime, comme si j'étais une sous-merde. C'est ainsi que je le ressens, en tout cas. J'ai l'impression de recevoir un coup de poignard invisible dans mon « moi » intérieur (je fais ici référence à ma « psyché », au sens psychologique du terme). Ils pensent peut-être que ça va aller mieux en me disant ça ? C'est tout le contraire… Autant jeter de l'huile sur le feu, ça reviendrait au même !

Non, nous ne sommes pas des « malades », c'est ce monde qui nous rend malades, qui nous brise en mille morceaux par son regard dédaigneux sur notre façon d'être et qui nous pousse à montrer cette façade d'optimisme contre nature éreintant de forcenés. Cet optimise dégoulinant d'extrême hypocrisie nous fatigue à un point que vous n'imaginez pas. D'ailleurs, il sonne faux, comme de la poudre dans mes yeux. Or, moi, je préfère être vrai. Alors, je suis un « triste personnage », paraît-il. Dire les choses comme on les voit, comme on les ressent, ou même simplement dire « *ce plat est froid, trop salé, ceci, cela* » ou encore « *voir une erreur, informer de l'erreur* » est perçu par cette société comme une critique, une plainte, du « négatif », alors qu'il ne s'agit que de décrire les choses, ou d'un constat qui n'est nullement une critique. C'est tabou. Notre cerveau perçoit les petits détails de l'existence, détails qui passent inaperçus pour la majorité des gens. Dès lors, en parler, c'est « *se plaindre* » et « *être négatif* ». Les gens ne comprennent pas : « *je dois arrêter de me plaindre* », me martèle-t-on avec grande insistance encore et toujours, sans arrêt. J'en prends d'ailleurs régulièrement « plein la gueule » lorsque je pense rendre service en repérant des petits défauts et/ou erreurs ici et là. Et au lieu de recevoir un « merci », je me fais en général « botter le cul ». Voire lyncher en règle. En même temps, je vous avoue que moi aussi, j'ai tendance à prendre très vite mal les choses (logique, voir explications au chapitre 1). Mais je n'accuse pas pour autant mon interlocuteur de « *se plaindre* ». Toute la différence est là. Vous allez me dire : « *Mais avec votre livre, vous vous plaignez !* » Oui et non. En quelque sorte, un petit peu. Mais j'informe aussi de la situation. Je me « plains » de constamment me faire accuser de « me plaindre »… *Je me plains des gens qui se plaignent que je me plains (sic)…* Parce qu'il y en a marre. Vous saisissez la nuance ?

La société semble donc très susceptible face à ce qu'elle a décrété comme étant « négatif ». Malgré tout ça, il faut avouer que les hypersensibles sont en général tout de même encore plus susceptibles... et c'est très dur à gérer. Je n'échappe bien sûr pas à cette «règle», hélas : la moindre critique ou contrariété et je m'effondre, tout devient noir. Et puis, plus rien ne va. Ça peut parfois (souvent en fait) être de minuscules petits détails, des petites choses, et d'un coup, c'est comme si une chape de plomb s'abattait sur mes épaules et sur ma tête. Tout prend des proportions gigantesques et dramatiques. Parfois, je n'arrive même pas à «localiser» le problème et tout s'embrouille dans ma tête. Même avec les critiques plus ou moins «constructives», j'ai du mal à ne pas bouillonner à l'intérieur. La critique est souvent prise comme une attaque personnelle. Voire comme un échec personnel. Après, je me dis : «*oui, il/elle avait sans doute raison*» ou «*je ne suis pas d'accord, mais chacun son avis*», mais sur le coup, c'est souvent très mal pris et vécu comme une sorte d'agression. Dès lors, nous sommes régulièrement perçus comme des personnes lunatiques, arrogantes ou agressives. Chose importante à préciser : je me dois également de vous informer que mentir en disant que vous aimez alors que vous pensez le contraire est encore pire. Ce n'est pas simple, n'est-ce pas ? Soyez donc juste honnêtes et bienveillants : le juste milieu. Nous ne sommes pas en sucre non plus. La façon de présenter les choses montrera que vos intentions ne sont pas hostiles et ça peut tout changer.

Il y a quelques années, dans mes contacts FakeBook (*sic*), j'avais une personne qui ne réagissait jamais à ce que je publiais, sauf... lors de mes relativement rares coups de gueule ou lorsque j'exprimais par exemple un point de vue sur un sujet «controversé» ou une critique quelconque. On va dire que 9 publications sur 10 étaient «positives» (photos de nature, travaux d'infographie, etc.) ou en tout cas «pas négatives». Mais tout ce qu'elle voyait, c'était celle-là, cette seule publication à caractère jugé « négatif ». Cette personne ne se manifestait qu'alors pour se plaindre du fait que, selon elle, «*je me plains tout le temps*». Après avoir consulté l'historique de ses commentaires à mon sujet, c'était un beau 10/10 de commentaires à caractère « négatif » où elle se plaignait de ma soi-disant « négativité ». Pas un seul commentaire « positif » de sa part... Zéro pointé. Jamais une seule réaction sur toutes les autres publications. Cocasse, tout de même.

Les gens ont besoin d'optimisme, me direz-vous ? Oui, certainement. Moi aussi, j'en ai besoin. Mais à petites doses. Trop d'optimisme m'étouffe et me semble hypocrite : je me sens mal, car je n'arrive pas à être aussi « positif » qu'eux. L'image d'un positivisme parfait qu'ils me renvoient tout le temps m'écrase et me donne des complexes, en plus de ressentir cette culpabilité d'être « tout le temps négatif ». Car en plus de me renvoyer leur image « hyper positive », ils me renvoient ma propre image en comparaison à la leur : celle d'une négativité coupable. Or, quand quelque chose ne va pas, il faut le dire ! C'est ce que je pense. Mais certaines personnes m'en font souvent le reproche, car pour eux, il ne faut pas dire quand ça ne va pas ! C'est un mode de pensée que je n'arrive pas à comprendre. Quand ça ne va pas, j'ai besoin de l'exprimer, sans quoi je pète les plombs. Si je retiens mes frustrations, à la moindre contrariété, ça pète : il y a du « sang » sur les murs... Malheureusement, les autres ne l'entendent pas de la même oreille et me fustigent si j'ose essayer d'extérioriser un ressenti qui ne va pas dans le sens de la pensée « réglementaire ». Jusqu'à l'exclusion de leur existence : je suis mis à mort sur l'autel du « Grand Méchant Négatif ».

Il nous est extrêmement difficile d'être nous-mêmes sans cette peur permanente d'être jugés, dénigrés, accusés d'être négatifs et de nous plaindre « tout le temps ». Il faut toujours être aux aguets, faire attention à ce que l'on va dire pour ne pas risquer de voir nos propos, réactions ou intentions déformés, interprétés et transformés selon le « fantasme » aléatoire des autres. Pour moi, blanc, c'est blanc, et noir, c'est noir, point final. Ne cherchez pas de sens caché, il n'y en a pas. Hélas, la société se sent toujours obligée quelque part de se demander si derrière le noir ne se cacherait pas un blanc peinturluré en noir ou un gris à tendance noir réglisse… Ça me met en colère ! Tous les gens ne sont pas des pervers narcissiques ! Dans cette société, il faut toujours à un moment donné devoir se justifier de tels ou tels propos interprétés par l'un ou l'autre, pris hors contexte puis transformés et détournés. Quand je dis que mon dîner est froid, c'est parce qu'il est FROID ! Je ne vous le reproche pas ! C'est un constat ! Je n'insinue pas que vous êtes négligeant, que vous faites mal les choses ou que sais-je, et surtout, JE NE M'EN PLAINS PAS. Mettez-vous bien ceci en tête : « *Je suis responsable de ce que je dis, mais je ne suis nullement responsable de ce que vous comprenez !* » Gravez bien ça quelque part dans votre cerveau.

Ceci étant, il est tout à fait vrai de dire que les hypersensibles sont parfois « négatifs ». Comme expliqué dans le chapitre précédent, c'est dû à des fluctuations hormonales intenses qui épuisent le corps, elles-mêmes dues à cette hyperactivité cérébrale. Et si nous ne pouvons pas nous ressourcer suffisamment, nous broyons du noir. Les choses négatives, plus que les choses positives, sont ressenties avec une grande violence. Et selon des facteurs comme l'environnement socioculturel, la balance des points positifs et négatifs penchera d'un côté ou de l'autre. Nous sommes ainsi faits, nous ne pouvons pas y changer grand-chose. Alors, ne nous en blâmez pas ! Soutenez-nous au lieu de nous enfoncer. Car même s'il y a de nombreux avantages à être hypersensible, il y a aussi de nombreux inconvénients, et lorsque la balance penche vers ce dernier, c'est l'effondrement. Et c'est là que nous avons besoin de votre soutien et non de vos reproches. Demandez ce qui ne va pas et comment vous pouvez nous aider. Il suffit parfois d'une chose minuscule pour nous rendre le sourire : un mot, une phrase, une attitude peut tout changer (dans un sens comme dans l'autre !). Les choses ne tiennent parfois qu'à un fil...

Voir du monde : une source de fatigue extrême !

Fêtes, sorties, réunions, salons, transports en commun, évènements mondains (marchés, brocantes)... Ces activités principalement de loisirs qui sont en général source de plaisir sont des sources d'extrême excitation cérébrale pour nous. Mais ne vous méprenez pas, nous les aimons (ou pas, ça dépend de chacun !), ce n'est pas le problème. Lors de ces évènements, notre cerveau est en constante alerte : la foule, les émotions des gens, nous les absorbons comme des éponges. Le cerveau produit alors en masse de la dopamine, de l'adrénaline et du cortisol notamment. Malheureusement, cela a un « prix » : sur le coup, c'est comme un sentiment d'euphorie (même si ça ne se voit pas extérieurement !) et puis... c'est la chute libre ! Un petit peu comme l'effet d'une prise de drogue : la descente est toujours dure. Il faut alors s'isoler pour se ressourcer. Et même si – comme ça m'arrive souvent – lors de « soirées », personne ne m'adresse la parole, j'absorbe néanmoins toujours les émotions ambiantes, l'agitation et l'ambiance générale. Je sais par avance que si je sors quelque part, quoi qu'il arrive, il me faudra un temps de récupération élevé pour retrouver un état plus ou moins « zen ».

Lorsque je suis avec des gens, toute cette agitation autour de moi, le fait qu'on me parle ou que je parle de moi, par exemple, engendre des émotions intenses et confuses et peut amener à un certain état de trop-plein émotionnel. Une sensation de réelle euphorie (au sens technique du terme, il n'est pas ici question d'éclats de rire, bien entendu). Or, tel un verre trop plein, il peut vaciller et déborder en un instant : une réflexion, une remarque, un regard, une attitude... le moindre accroc et tout s'effondre. Et là, c'est la descente aux enfers : c'est comme tomber d'un immeuble de plusieurs étages. Fracassé sur le sol, il n'est plus possible de remonter.

Je me souviens d'une anecdote à ce sujet. C'était il y a quelques années, lors d'une soirée de clôture d'un tournage (« Wrap Party » comme ils disent dans le milieu). Une fille s'approche tout d'un coup de moi et me demande si elle peut avoir une photo avec « *le beau mec* ». Me sentant flatté, je lui dis donc « *oui, bien sûr* » et je me tiens à côté d'elle. C'est là qu'elle me sort en haussant les épaules avec dédain : « *Non, pas toi hein, j'ai dit avec le <u>BEAU</u> mec !* » La douche froide (cette expression est vraiment très à point, c'est réellement comme une douche froide que je recevais psychologiquement). En fait, elle voulait que je prenne une photo d'elle et du type à côté. Prends-toi ça dans la gueule, Gilles. Évidemment, cette simple remarque m'a gâché la soirée, le cœur n'y était plus et je suis rentré très peu de temps après. Je me disais que le « mec moche » ne manquerait sans doute à personne. L'état euphorique s'était ainsi transformé en état dépressif en quelques secondes. Je n'avais qu'une seule envie, c'était de lui enfoncer son appareil photo profondément dans la gorge (non, en fait, j'avais envie de lui foutre une tarte dans sa face). Note : je n'ai jamais frappé qui que ce soit, tout ceci reste de l'ordre de l'image mentale et du «fantasme». Car ce genre d'image mentale n'est rien d'autre qu'un mécanisme de «défense» du cerveau pour canaliser les émotions trop fortes.

De retour chez moi, je me sens en général tellement épuisé mentalement que je m'écroule souvent dans le fauteuil. Quand je prends le temps. Mon cerveau sait que je dois le faire, sinon, c'est la catastrophe. Mais je ne m'endors pas. C'est comme si je venais de boire une dose massive de caféine... Il va de soi que je dors en général très mal – voire pas du tout – les soirs où je sors. Hyper fatigué et pourtant... impossible de fermer l'œil ! Mon cerveau a sécrété un tas d'hormones excitantes, c'est logique... Ainsi, il me faut parfois plusieurs heures pour me «remettre» de mes émotions : si tout s'est bien passé, je dois faire face à ce trop-plein d'énergie «positive», et si les choses se sont mal passées, alors je dois canaliser ma colère, ma rancœur ou ma déprime. Souvent, je ressasse le film de la soirée/sortie en continu dans ma tête. J'ai dit ceci, cela, j'aurais dû dire ça, de telle façon. Qu'a-t-il ou elle pensé, etc., etc. C'est parfois très pénible et extrêmement fatigant. Lors de ces évènements, il y a tellement de stimuli internes et externes que le cerveau est affolé. Biologiquement, ses ressources sont en alerte à leur maximum, ce qui explique que lorsque c'est terminé, il y a une chute immense qui se produit et tout un tas de réactions biologiques s'ensuivent : fatigue, anxiété, maux de tête, ruminations mentales... Par exemple, dans le cas présent de cette soirée, j'aurais dû dire : « *Désolé, je ne prends de photos que de jolies filles.* » Et vlan, dans ses dents. Je me serais ainsi senti mieux et ça m'aurait évité de ruminer cet évènement durant les semaines qui ont suivi... Hélas, sur le coup, je ne pense pas à tout ça.

Voilà pourquoi, lorsqu'on me propose de « sortir », je ne saute pas forcément de joie (le fameux reproche : « *ça n'a pas l'air de t'emballer* »). C'est juste parfois émotionnellement complexe. En ce moment, je parie que vous êtes en train de vous dire « *mais qu'il est compliqué celui-là* », vous devez vous dire qu'il vaut mieux fuir ces hypersensibles bizarres ! Les gens trop compliqués me gonflent aussi... alors je vous comprends. Mais chacun a ses « complications » ! Si je dois tolérer celles des autres, alors essayez de tolérer les miennes. Car si vous ne tolérez pas les miennes, je ne vois pas pourquoi je devrais tolérer les vôtres.

Trop bon, trop con !

Voilà une expression qu'on entend souvent et qui s'applique – façon de parler, bien sûr ! – à beaucoup d'hypersensibles. Combien de fois me suis-je déjà retrouvé dans cette situation où je me le dis à moi-même : « *Plus jamais je ne rends service aux autres.* » Pourtant, je retombe toujours dedans, c'est presque inévitable. C'est ce besoin d'empathie et de faire plaisir aux autres qui reprend le dessus, au risque d'en prendre plein la gueule à chaque fois.

Comme des vautours, ou des vampires, les gens viennent sucer ce qu'il y a à prendre sans jamais rien donner en retour. Un grand classique. Il m'arrive très fréquemment de rendre service aux autres, de leur donner un coup de main pour ceci ou cela. Mais curieusement, lorsque j'ai besoin d'aide... plus personne. Et il y a TOUJOURS une très bonne excuse. Une excuse irréfutable. Au point où je passerais pour un salaud si j'osais m'en plaindre. À l'école, je me souviens, je prêtais toujours mes affaires à tout le monde, quitte à les récupérer en mauvais état, voire pas du tout. Mais les rares fois où moi, j'avais besoin de quelque chose, vous l'aurez compris, c'était trop demander : souvent, j'essuyais même un « non » avec dédain et mépris (ils pensaient le « *et puis quoi encore* » tellement fort que ça résonnait). Alors, par la suite, lorsque, par rancœur, je refusais à mon tour de prêter mes affaires, on me cataloguait comme « *le salaud égoïste qui garde tout pour lui* ». Et des exemples comme celui-ci, j'en ai à la pelle. Combien de fois ce genre de situation m'est-il arrivé, j'ai perdu le compte !

Savoir dire « non » est donc tout un art, inné chez certains, mais qui peut être un véritable calvaire chez d'autres… dont je fais hélas partie. Tout ça provient, je pense, de ce besoin presque maladif d'être reconnu par les autres, de sortir de ce sentiment d'« invisibilité » accablant qui me poursuit depuis l'enfance. D'ailleurs, souvent quand je parle, les gens font semblant de ne pas m'entendre… Comme si on me « gommait » de l'existence. Parfois, je me surnomme moi-même « *l'homme invisible* ». Eh bien oui, ce ne sont pas les autres qui vont me surnommer de la sorte, vu que par définition, ils ne me voient pas ! À ce sujet, je me souviens qu'à la fin d'une année scolaire, un gars m'avait dit très sérieusement : « *Ah, t'es dans ma classe, toi ?* » Violent ! Prends-toi ça dans la tronche, Gilles…

Ainsi, inconsciemment, j'essaye d'exister aux yeux des autres en étant toujours présent pour eux, en les aidant, en les écoutant. Mais le résultat est que je n'existe toujours pas. Quand j'ai besoin d'aide, d'un service ou simplement qu'on m'écoute, il n'y a jamais personne. Et ce malgré toutes les belles promesses et les beaux discours. Et les rares fois où ça arrive malgré tout, j'ai toujours l'impression de déranger. J'ai toujours fait passer les autres avant moi : je les aidais, j'étais là pour eux, je leur rendais des services alors que parfois, ça m'en coûtait même de le faire. Un petit peu pour exister à leurs yeux, sans doute. Un jour, on m'a dit qu'il fallait que je pense d'abord à moi, que je m'aime avant de pouvoir aimer les autres. Et vous savez quoi ? Lorsque j'ai commencé à appliquer ce conseil, j'étais d'un coup devenu le « mauvais », « l'égoïste » de la part de ces mêmes personnes qui m'avaient donné ces conseils ! Incroyable, non ?

Ce besoin de donner, d'avoir l'approbation de l'autre est une grande caractéristique de l'hypersensible. Et c'est encore une fois neurologique ! C'est une spécificité de notre cerveau, composé d'un « hyper réseau » de neurones dits « miroirs ». Ces neurones ont en effet la capacité d'analyser ce que la personne en face de nous nous transmet et de le comparer avec notre propre vécu. Ce qui permet une compréhension plus profonde des besoins et du ressenti de l'autre. C'est également ce qui fait de nous de véritables « éponges » et, forcément, des personnes très empathiques.

Nous avons cette tendance à toujours faire passer les besoins des autres avant les nôtres, c'est dans notre nature. Cette envie de faire plaisir à l'autre est omniprésente. C'est même quasiment une pulsion. Ce besoin d'avoir l'approbation de l'autre est dévorant et épuisant. À tel point qu'on nous considère régulièrement comme des personnes immatures. J'ai pu le constater très souvent, et c'est vraiment encore une chose que je ne supporte pas chez les gens : ce comportement paternaliste qu'ils ont avec moi me fait horreur. Pourtant, je retombe systématiquement dans le même schéma. Les gens ont cette fâcheuse tendance à avoir ce comportement paternaliste quand ils me voient. C'est insupportable. J'ai l'impression d'être un enfant à leurs yeux. Parce que quelque part, en agissant ainsi, ils se placent « au-dessus » de moi. Ils me font comprendre que je ne suis pas leur égal. On m'a même dit un jour : « Je t'ai pris sous ma coupe. » Mais pour qui est-ce qu'ils se prennent en fait pour me dire ça ?

Encore un autre exemple : alors que j'écris ce livre, je reçois des sollicitations d'autres gens pour faire telle ou telle chose et j'ai toujours ce besoin de les faire passer avant mes propres projets. Vous pouvez être sûrs que certains d'entre eux ont bien compris mon fonctionnement… Vous pensez que quelque part, ils n'en profitent pas ? Je ne suis pas naïf non plus, même si instinctivement, je leur cherche toujours des excuses. Le pire, c'est que moi-même, parfois, j'insiste pour faire passer leurs projets avant les miens. Serais-je maso ? Voici une petite anecdote. J'ai commencé à écrire ce livre début septembre 2020. J'ai été « interrompu » plusieurs fois et il m'a fallu chaque fois des semaines (voire des mois) avant d'arriver à m'y remettre. Impossible de me focaliser sur 2 projets à la fois. Alors, une fois que je décroche, reprendre est un peu comme un parcours du combattant.

Tout ceci pour vous dire que c'est presque un besoin irrépressible… Difficile à canaliser, car si je ne cède pas, ça me ronge, ça me trotte dans la tête, ça me donne l'impression d'être un salaud, un égoïste, etc., etc. Je dois céder pour que je puisse continuer à faire ce que j'étais en train de faire et quelque part avoir l'esprit et la conscience tranquilles. Pourtant, je suis bien conscient du problème ! En psychologie, on appelle ça « la maladie du moi » : à force de faire passer les besoins des autres avant les miens, j'en développe donc une frustration qui me pompe toute mon énergie et me pousse à la dépression. Et puis, on vient me traiter de « négatif » ou « d'égoïste ». Aide les autres et le « ciel » te le reprochera ! Prends-toi ça encore une fois dans les dents, Gilles…

Hypersensibilité et injustice

L'empathie, encore elle. Cette même empathie qui rend l'injustice si difficile à supporter… À l'heure où j'écris ces lignes, nous sommes début 2021, en pleine période de cette abjecte et innommable dictature sanitaire qui a fait basculer le monde dans la folie pure. En tant qu'hypersensible, je le ressens avec une violence inouïe (voir mon livre *Le meurtre du bon sens*, chez JDH Éditions). Il ne m'est plus possible d'écouter les infos ou de regarder la TV, je ressens une colère tellement puissante que j'ai envie de tout casser. Tous les jours, j'entends qu'untel a dénoncé son voisin, qu'unetelle a vécu une situation scandaleuse… J'ai envie d'exploser. Ça me met en rage, mes « capteurs » s'affolent tellement que j'en tremble. Quand on mobilise 10 camionnettes de police parce qu'il y a 4 personnes au lieu de 3 dans une maison, on sait que quelque chose ne tourne plus rond dans cette société. Je me dis que cette société est tombée sur la tête, je ne m'y sens plus du tout à ma place. Ce « nouveau monde », je le hais, je le méprise, je le vomis.

Et pour Bernadette – hypersensible comme moi – avec qui j'ai échangé sur le sujet, le ressenti est similaire : « *Je suis très sensible à l'injustice, quelle qu'elle soit, et dans le contexte actuel, bien que je sois pensionnée et donc à l'abri du besoin, je suis révoltée par ce qu'on fait vivre aux pauvres gens qui vont droit à la faillite et au suicide. J'ai une immense empathie envers eux, ça me rend littéralement malade ! La dernière fois que je suis allée au restaurant, la veille de la dernière fermeture de l'Horeca, en payant ma note, je me suis de nouveau effondrée. Pas marrant ! Ça y est, je repleure !* »

Pour certains, l'hypersensibilité est un cadeau et je les envie, parce que pour moi, cette hypersensibilité est plutôt une malédiction, car les émotions ressenties sont parfois tellement violentes que la mort semble par moments être la seule échappatoire. Souvent, des émotions me submergent sans crier gare et il faut subir le regard incrédule, dubitatif, voire moqueur des gens qui ne comprennent pas. Et au lieu de se dire que ce n'est pas normal et de venir vers vous et demander ce qui ne va pas, ils vous fustigent encore plus, ou pire : ils vous dégagent de leur vie comme un malpropre. C'est un calvaire insupportable, car ces émotions sont difficilement contrôlables. Dans ces moments, j'ai juste envie d'aller m'exiler sur une île déserte et ne plus jamais la quitter. Alors, pour quelqu'un comme moi féru de liberté, vous n'imaginez pas la violence émotionnelle que je ressens intérieurement face à cette hystérie collective nommée Covid Numéro 19. Cette injustice, je la sens par tous les pores de ma peau. Moi pour qui la liberté est une chose sacrée, autant vous dire que cette situation me rend fou. Mais pas fou comme ces fous dehors qui donnent dans l'excès de zèle à la limite de la psychiatrie : fou de rage, de douleur intérieure, comme si des milliers de voix hurlaient à l'injustice dans ma tête à chaque fois qu'on me raconte l'une de ces anecdotes sordides et scandaleuses, que je lis un article ou que je regarde les infos. C'est un petit peu comme si j'avais une sorte d'« antenne » pour détecter ces injustices, souvent là où les autres ne le perçoivent pas encore, avant même que tout le monde ne s'en rende compte. C'est une sorte de malaise psychique, une impression désagréable. Et que ça me touche ou non, de près ou de loin, je le ressens violemment, comme si ça me touchait personnellement. Ça me pourfend les entrailles telle une lame qui me transpercerait tout le corps, j'en tremble jusqu'à en ressentir des sueurs froides : comme une sorte de coup de poignard qu'on m'enfoncerait dans l'estomac à chaque fois. J'ai toujours ressenti cette colère, cette rage face à l'injustice. Et face à ces injustices perpétrées par ces « Corona Fachos », je sens la colère monter, des émotions dévastatrices m'envahissent jusqu'à m'en faire trembler, suer, se faire dresser les poils de mes bras au point où je me vois fracasser le crâne de ces misérables. Je me sens tellement envahi par la colère que c'est comme si, pendant quelques instants, j'étais dans une bulle, hors du monde. À ce moment, ni un fusil ne m'arrêterait, ni un commando, pas même un flingue sur la tempe ne me stopperait, ils n'auraient qu'à me fusiller – puisque c'est là que nous en sommes. L'adrénaline et le flot d'émotions que je ressens durant ces quelques instants sont tellement puissants que ces crapules devraient me tuer pour m'arrêter. Pourtant, je suis foncièrement non violent, de ma vie je n'ai jamais frappé qui que ce soit ; dans la rue, je sauve les abeilles et les coccinelles qui traînent sur le trottoir, les escargots pour éviter qu'on leur marche dessus, même les araignées chez moi que je mets dans un petit pot pour ensuite les déposer dehors… Mais là, je me dis que ces crapules vont un jour devoir rendre des comptes et subir le courroux de ceux qu'ils ont ainsi martyrisés. C'est comme avec ces gens qui font un détour en déviant du trottoir à mon passage et qui préfèrent marcher dans la rue plutôt que de me croiser… Ma tolérance atteint ses limites. Si c'est ça, l'avenir de l'humanité ! Traiter les gens comme des pestiférés ? Leur asséner une torgnole dans leur gueule me démange de plus en plus ! Oui, je sais ce n'est pas bien d'inciter à la violence, à la « haine », et tout ça. *C'est mal.* Mais je n'incite à rien, c'est juste une pensée, mon ressenti que j'exprime ici. Je ne suis pas quelqu'un de violent, même si mes émotions sont parfois violentes. Par contre, nous, nous devrions nous laisser malmener pour avoir commis le

« crime odieux » d'avoir par exemple osé nous asseoir dans un parc, sur la plage, refusé de mettre cette muselière immonde ou pour avoir refusé de prendre le caddie « obligatoire » dans les supermarchés ? On me dit souvent que je dois prendre du recul, mais ils ne comprennent pas que c'est juste impossible. Mon sang bouillonne, mes oreilles se bouchent, je n'entends quasi plus rien autour de moi, je suis comme submergé dans une bulle, j'ai juste envie de m'ouvrir les veines tellement c'est insupportable, tellement ça me révolte. Et le fait de me sentir impuissant face à tout ça en rajoute une couche. Je me sens comme une éponge qui absorberait et ressentirait la douleur des autres. Littéralement fracassé. Parfois, le ressenti est tel que je ressens même physiquement leur douleur. Et après, mes pseudo amis viennent m'insulter, me faire la leçon de morale et même me traiter d'« insensible » lorsque je m'insurge contre ces mesures gouvernementales délirantes, aberrantes et débilitantes. Comment osent-ils ?

Au risque d'encore passer pour le négatif plaintif de service une fois de plus, je dois vous avouer que je me sens mourir à petit feu, que je me laisse aller, dépérir, car je n'ai plus aucun espoir dans cette humanité putréfiée jusqu'à la moelle. Il n'y a plus grand-chose qui me retienne ici. Je suis effaré de voir comment ce monde est tombé si bas. Je risque à chaque instant le « burn-out », comme on dit aujourd'hui, tellement toutes ces idées me tapent dans la tête. Et à chaque fois que je suis témoin d'une injustice, ou que je lis un article qui contient une injustice, c'est pareil. C'est psychologiquement exténuant. Parfois, j'ai juste envie de crier et de tout casser.

Il va de soi que l'exemple ci-dessus est un cas grave et extrême. Mais au final, peu importe l'amplitude de l'injustice :

c'est toujours le même point « névralgique » qui est frappé. Ce sentiment d'injustice peut en effet se ressentir à de nombreux niveaux. C'est pourquoi, pour donner le change, en voici un plus léger, mais qui au fond titille toujours le même point sensible. Pas de la même ampleur, certes, mais qui a toujours la même origine : ce même « point » dans l'estomac qui me met en rage. Les femmes ont leur fameux « Point G » et puis moi, on va dire que j'ai le Point « inJustice ». Il y a quelques années de ça, je devais passer une soirée avec une nana. Rien d'extraordinaire jusque-là, me direz-vous. Ce n'était pas prévu, mais elle a décidé d'elle-même de m'improviser une invitation au resto avant la soirée en question. Ça, c'est déjà moins ordinaire. Elle a bien dit ces mots : « *Je t'invite au resto, ça te dit ?* » C'est important à préciser. J'étais donc tout content de trouver enfin une fille qui arrive à se détacher de ces conventions sociales dégueulasses (« *l'homme propose, la femme dispose* »). Tout se passe bien (il me semble) jusqu'à ce qu'au beau milieu du repas, elle reçoive un SMS sur son téléphone. Très important, selon elle : son photographe préféré recherche d'urgence un modèle photo pour la soirée… Elle me sort alors qu'elle doit partir, car elle ne peut pas le « planter ». Ah bon ! Parce que moi, en fait, ce n'est pas grave de me planter en plein milieu du repas ? Gilles, il comprendra ! Bah oui, hein ? Même si l'excuse était plus que probablement bidon (les filles qui demandent à leur copine de leur envoyer un SMS pour les « sauver », on connaît…), le pire était encore à venir. Car c'est là que, toute fière, elle m'a lancé : « *Je vais pas faire la chienne, je vais quand même payer ma part.* » Toujours aussi classes avec moi, les gens, n'est-ce pas ? Elle m'invite, mais elle est fière de me faire une fleur en payant « tout de même » sa part. Personnellement, ça me met en colère, car il me semble que si les rôles avaient été inversés, j'aurais reçu une baffe dans la gueule et je me serais fait traiter de « goujat ». Mais bon, à un homme, on peut dire ce genre de choses, car un homme qui fout une baffe à une femme, il se retrouve au poste de police. L'inverse : non. La femme est même souvent applaudie. Deux poids, deux mesures. Osez dire que ce n'est pas vrai ! Encore ce sentiment d'injustice qui me met la boule au ventre. Je ne l'ai bien sûr jamais revue, faut pas déconner.

Les malentendus, une « routine » éreintante !

Les malentendus sont un petit peu notre quotidien. Les hypersensibles ont, je pense, une vision plus « globale » des choses, ils captent tout un tas de détails et de subtilités auxquelles les personnes de sensibilité « standard » ne font pas forcément attention. Dès lors, il arrive souvent que l'on veuille exprimer quelque chose et que nos intentions soient prises de travers. J'en avais déjà parlé à propos de la pseudo critique et de notre soi-disant négativité, choses dont on nous accuse régulièrement. Alors, je vais vous parler ici d'un autre exemple qui, pour moi, est encore plus flagrant : celui des « comparaisons ». Sujet sensible, s'il en est, car s'il y a bien quelque chose qui me met extrêmement en colère, ce sont les « *comparatistes* » comme je les appelle : ces gens qui vous « accusent » systématiquement de « comparer ceci à cela ». En fait, nous nous exprimons souvent en donnant des exemples *jugés* maladroits, alors que pour nous, ils sont tout à fait légitimes. Et j'ai de moins en moins de tolérance pour ce type de comportement. Car ces gens vous fustigent pour un oui ou pour un non, alors que vous ne faites que donner des exemples et mettre en parallèle 2 modes de fonctionnement similaires (et non les objets de la mise en parallèle) : la similitude de fonctionnement et non sa nature brute. Les gens ne voient que le bout de leur nez au lieu de chercher en profondeur les similitudes d'un fonctionnement, d'un schéma. Dès lors, ils vous condamnent et vous clouent au pilori... Personnellement, j'aime toujours mettre les choses en exergue avec des exemples très forts (voire extrêmes) pour bien les faire comprendre et mettre en évidence mon point de vue. Il ne s'agit nullement de comparer les objets de la mise en parallèle (contenu), mais bien le mode de fonctionnement (contenant), le schéma. Mais cette société refuse de comprendre cela et préfère se focaliser sur l'exemple plutôt que sur le contenu du «message». C'est comme si lorsque vous pointiez quelque chose du doigt, les gens regardaient le doigt plutôt que ce que montre le doigt. Lorsqu'on pointe quelque chose du doigt, vous regardez le doigt, vous ? Parce qu'accuser de «comparatisme», c'est exactement ça. On se focalise sur l'exemple plutôt que sur ce que démontre l'exemple, sur ce qu'essaye de montrer le doigt. Par exemple, lorsque certains mettent en parallèle l'étoile jaune des Juifs et le fichage des gens atteints du Covid, notamment avec ce «passeport sanitaire», il n'est nullement question de comparer le massacre des Juifs au Covid-19 ! Réfléchissez un peu au lieu de brailler pour un oui ou pour un non ! Il s'agit de mettre en évidence 2 modes de fonctionnement similaires en mettant en parallèle un symbole FORT pour que le message soit clair et percutant. Il ne s'agit pas de mettre en parallèle la mort des Juifs et les morts du Covid, il s'agit de mettre en parallèle le fonctionnement de la ségrégation. De la discrimination. D'où est-ce qu'ils se permettent de telles accusations ?! C'est indécent et inapproprié ! Agaçant !

«*Ah, le salaud, comment il ose ??*» Eh bien oui, j'ose, j'aime donner des exemples forts pour mettre en évidence mon point de vue. Et j'assume. Le politiquement correct est quelque chose qui m'insupporte violemment. Oh oui, on compare, on compare et on recompare encore. Ils n'ont que ce mot-là à la bouche. Non, encore une fois, je le répète, je mets en parallèle le contenant (le message que je veux exprimer), pas le contenu (je ne compare pas mon doigt avec un autre doigt) ! Bien entendu, tout dépend aussi de ce que vous définissez par « contenu/contenant » dans l'exemple. Mais peu importe, vous aurez compris l'idée (je l'espère !), vous les « comparatistes », les spécialistes pour détourner la conversation ! Car quel est le meilleur moyen pour bien détourner une conversation ? Accusez les gens de faire une comparaison « déplacée » et c'est gagné. C'est un peu une sorte de nouveau point Godwin, ou peut-être devrait-on appeler ça point « Bad Win » ou « God Loose » ?

Hélas, je pense que beaucoup d'entre vous ne comprendront toujours pas ce que j'essaye d'expliquer ici : car j'entends déjà d'ici dire des « *oui, mais...* ». C'est bien le problème, ce que j'essaye de démontrer, c'est que nous ne fonctionnons pas de la même façon, nous les hypersensibles. La perception de certaines subtilités vous échappe. Ou peut-être êtes-vous victimes de dissonance cognitive ? « *En psychologie sociale, la dissonance cognitive est la tension interne propre au système de pensées, croyances, émotions et attitudes (cognitions) d'une personne lorsque plusieurs d'entre elles entrent en contradiction l'une avec l'autre.* » En gros, cela veut dire que même en vous démontrant des choses telles que 1+1=2, votre schéma de pensée, vos croyances, éducation et conditionnement psychosocial vous diront que 1+1=11 parce que vous avez été programmés pour penser ainsi. Ou l'inverse peut-être aussi, ça dépend du point de vue (merci Jean-Claude Van Damme !). Êtes-vous « aware » ? Il n'empêche que si vous réfléchissez un peu et que vous creusez en profondeur, ce concept n'est pas con du tout. Être « aware », au sens général, c'est simplement être conscient des choses et de ce que vous êtes. C'est également percevoir les petites choses et les détails du quotidien. Les hypersensibles sont en général très « aware ». Eh oui ! Et comme je l'ai expliqué précédemment, les gens ne voient que le doigt (ici, la forme « maladroite » de sa façon se s'exprimer sur le sujet) au lieu du message très pertinent de ce qu'il exprime. Et je ne parle que de ce fameux « aware », le reste est une autre histoire. Vous voyez, je me sens obligé de justifier les choses avec cette dernière phrase, car je suis persuadé qu'on va me balancer toutes ses autres frasques à la tronche. N'est-ce pas ? Avouez que vous y aviez pensé !

D'un autre côté, lorsqu'on m'accuse de « *me plaindre* » de telle ou telle chose, les gens en général ne se privent pas de « comparer » mes problèmes à, par exemple, « la faim dans le monde ». Tiens donc ? Je n'ai pas le droit de « *me plaindre* », car des gens crèvent de faim dans le monde. La comparaison n'est-elle pas ici totalement indécente ? Curieusement, ici, la « comparaison » ne semble gêner personne. « *Pense à untel, regarde ce qu'il a vécu et relativise.* » Voilà avec quoi on nous matraque la tête à longueur de temps. Car ici, on ne compare pas le contenant, mais bien le contenu ! Mais ce genre de comparaison, c'est OK !

Ok, alors… Mais pour information, ce genre de réflexion revient à nier la souffrance de quelqu'un, ce qui n'aura comme effet que de l'enfoncer encore plus. Et de le braquer également. Vous êtes prévenus.

Un autre exemple de malentendus, celui d'Élodie. « *Mon père m'angoisse à chaque fois qu'il m'appelle, c'est quelqu'un de super stressant. En fait, il m'appelle tous les deux jours et ça m'oppresse. Juste pour savoir comment ça va. Mais pourquoi ça n'irait pas ? Et je n'ose pas lui dire, car pour lui, l'hypersensibilité n'a aucun sens. Il ne peut pas comprendre. Et ne veut pas non plus. Et du coup, je me re-*

trouve dans cette situation régulièrement, je redoute l'appel. Car il me parle de choses qui me stressent. Des choses qui m'angoissent ou dont j'ai pas envie de parler. Il me dit des choses telles que "ça fait 3 jours que tu ne m'as pas répondu, mets-toi à ma place", j'ai passé ma vie entière à me mettre à la place des autres, donc ce genre de phrases est insensé pour moi. Surtout qu'il a passé sa vie à faire des allers-retours dans la mienne. Sans scrupule. Et étant donné que ce que je suis, donc empathe, est totalement invisible pour lui, c'est une horreur pour moi. Psychologiquement. J'en pleure parfois. C'est vraiment pour moi un des côtés les plus sombres de l'hypersensibilité. Car évidemment, il ne fait pas exprès. Et c'est ça le pire. »

Maintenant, a contrario, personnellement, quand on ne me répond pas, ça m'angoisse et ça me rend fou. Ça tourne dans ma tête à du 120 à l'heure : « *Pourquoi il/elle ne répond pas, ça fait 2 jours que j'ai envoyé le message, ça prend 20 secondes de répondre une ligne... Il y a un problème ? J'ai dit ou fait quelque chose qu'il ne fallait pas ?* » Je me dis qu'au plus la communication est facile avec Internet, au moins les gens répondent. Je me dis que c'est un manque de respect, un manque de considération ou d'éducation. Je m'entends dire intérieurement : « *Dis-moi MERDE, mais réponds !* » Ça me rappelle immanquablement cette invisibilité qui m'a tant poursuivi toute ma vie. On me sort alors que c'est leur droit de ne pas répondre, qu'ils n'ont rien demandé. Moi, je me dis que c'est une question de politesse, de savoir-vivre et de respect. Quand vous vous adressez à quelqu'un dans la vie courante, qu'est-ce que ça vous ferait qu'on fasse comme si vous n'étiez pas là ? Internet ou les SMS n'y changent rien. Ce n'est pas parce que la personne n'est pas face à vous qu'elle est insensible ou n'existe pas. Mais c'est plus facile de « nier » une personne lorsque la seule chose qui est devant vous est un écran. Ceci dit, on me l'a déjà fait : je parle à des gens et ils font comme s'ils ne m'entendaient pas. Et si j'insiste, alors ils me crient dessus. Je me dis aussi que si on ne me répond pas, c'est que je ne vaux sans doute pas qu'on perde 30 secondes de temps pour moi. D'ailleurs, comme l'a dit George Bernard Shaw : « *Le silence est l'expression la plus parfaite du mépris.* » Vous voyez, hypersensibles tous les 2 et pourtant 2 points de vue. Pour autant, il s'agit là de situations bien différentes. Non, non, je ne les « compare » pas ! Voici donc un exemple concret de ce que j'essaye de démontrer. Je donne 2 points de vue différents sur le sujet de « *on ne répond pas* ». Comprenez-vous la nuance ?

Récemment, il m'est encore arrivé une situation de ce type. Je communiquais avec une fille qui, à un moment, me parle de son vécu avec les hommes. Dans le cas présent, elle mentionnait le fait que les hommes l'avaient souvent utilisée comme un objet sexuel. Après l'acte, ils s'en allaient. Bien entendu, elle en a souffert. Et à raison. Personnellement, j'ai moi aussi vécu énormément de situations de souffrance avec les femmes. Du même type. En tout cas selon mon ressenti. Je lui en ai donc fait part pour lui montrer que je comprenais bien ce qu'elle ressentait. Ma motivation était tout à fait altruiste. Je lui ai dit que c'était dégueulasse de la part de ces hommes d'agir ainsi, qu'il y a un minimum de respect à avoir. En ce qui me concerne, les femmes m'ont toujours traité comme une sous-merde (voir mon récit autobiographique « Le déchet humain » dans le livre collectif *Nos violences conjuguées*, chez JDH Éditions) : elles m'utilisaient fréquemment pour se faire par exemple un resto à l'œil, puis elles me jetaient comme une vieille chaussette usagée. Comme si je n'étais qu'un portefeuille sur pattes. Eh bien, j'ai été extrêmement choqué par sa réponse ! Selon elle, c'était carrément insultant de « comparer » (encore une fois ce satané « comparatisme » !) ma souffrance à la sienne. Insultant ?! Oui, moi qui voulais juste compatir à sa souffrance, je n'avais selon elle pas le droit de comparer ma souffrance à la sienne qui était reliée au physique (elle sentait son corps souillé). Encore une fois ce « comparatisme » qui me met dans une colère noire. Ne peut-on pas parler de 2 expériences, 2 types de souffrances sans systématiquement se voir accusé de les « comparer » ? Est-ce une obligation de mettre une échelle de valeurs (et surtout une échelle de valeurs identique) sur la souffrance pour pouvoir en parler ? De la hiérarchiser, elle et toutes les blessures psychologiques ? C'est quoi ça pour un monde ?! Que sait-elle de mon ressenti, mon vécu, ma douleur pour ainsi la minimiser, la nier, l'anéantir ? Qui parle de comparaisons ? Ce n'est pas moi. Et quand bien même je le ferais, qui est-elle pour ainsi juger de ce que je ressens, que ma douleur serait moins « forte » que la sienne ? La douleur liée au physique est-elle supérieure à la douleur « juste » psychique ? Je ne pense pas. Personnellement, c'est moi qui me suis senti insulté, bafoué, rabaissé. Comme si ma douleur n'avait pas droit au chapitre. C'est totalement inacceptable. Odieux. Voilà le type de malentendus auquel je suis confronté en permanence et qui me brise lentement mais sûrement. Une petite phrase aura suffi pour me faire broyer du noir pendant plusieurs semaines.

Nous ne sommes pas égaux face à la souffrance

Par moments, la vie ne semble être qu'un amas de galères, des galères aux allures insurmontables. Certes, des « petits » soucis, des petites choses ci et là, rien de « grave ». Mais à la longue et avec la répétition, une accumulation de petits cailloux finit par former une colline, puis une montagne. C'est comme une épine de cactus dans le pied : c'est douloureux, ça gâche tout et ça prend une grande ampleur. Et même une fois l'épine retirée, vous sentez encore la douleur plusieurs jours après. Mais c'est minuscule et vite enlevé. Pourtant, lorsque vous avez un amas d'épines partout dans le corps à longueur de temps, ça finit par vous tuer à petit feu. Une épine, ce n'est rien. Mille épines, c'est plus « épineux ». Ce ne sont que des « petites galères », certes. Ce ne sont pas des problèmes graves, mais l'accumulation de petites choses à longueur de temps finit par former une nouvelle « entité » douloureuse dont il est extrêmement difficile de s'extirper… Le burn-out en est un exemple type. Alors, il y a toujours des petits malins donneurs de leçons qui se sentent obligés de nous sortir cette phrase « culte » : « *Pense aux enfants qui meurent de faim en Afrique !* », juste pour parachever notre descente aux enfers et nous culpabiliser encore plus que ce que nous sommes déjà. Comme si ce n'était pas suffisant ! Ils veulent nous achever, nous enfoncer plus profondément encore ? Enfoncer le clou jusqu'à bien l'incruster dans le bois ? Nous nier et nier notre existence ? Seuls les enfants en Afrique ont donc, semble-t-il, « l'autorisation » et le droit de souffrir. **Mais ce n'est pas parce qu'il y a « pire » ailleurs que le reste doit pour autant être tu et réduit au silence !**

Voici une fable, pas de La Fontaine, non, une fable de Gilles Nuytens. « *Oh, il se compare à La Fontaine* », le grand méchant prétentieux ! Méchant garçon !

« L'épine et le clou »

Le chien attendant son maître,
Dit au chat :
J'ai mal dans tout mon être,
De la vie, je suis las.

Le chien boitait,
Et de son pas,
Le chat l'emboîtait ;
Alors, regarde là,
Dit le chat.
De ma patte s'acoquine le clou !
Et le maître n'est pas là !
Je deviens fou !
Moi aussi, dit le chien,
Ma patte me fait mal !
Mais ils disent que ce n'est rien,
Ce n'est pas transcendantal !
D'une épine et d'un clou,
Ferais-tu la comparaison ?
Es-tu fou ?
Retrouve ta raison !
Le maître arriva,
De sa patte ensanglantée,
Le clou, il enleva.
Et vitupérant de son œil mitigé,
Du chien, il rigola :
Quel douillet, quel benêt !
N'est-ce pas,
Gros minet ?
En chœur, ils rigolèrent,
Mais le chien était amer.
Le lendemain, le chien fut mort,
Et le maître comprit son tort.
Tous se demandèrent pourquoi ;
Avait-il attrapé froid ?
Le vétérinaire dit alors :
Mille épines parcouraient son corps.

Ceci pour vous faire comprendre qu'il y a autant de souffrances qu'il y a d'individus, et que la souffrance est supportée différemment selon chaque personne. Qui êtes-vous pour ainsi juger de l'amplitude d'une souffrance chez quelqu'un ? Avez-vous vécu sa vie ? Quelque chose qui peut vous sembler insignifiant peut être vécu très douloureusement par quelqu'un d'autre dont vous n'avez aucune idée du réel vécu ou dont vous ne connaissez que la « façade » qu'il ou elle veut bien montrer. Vous n'êtes pas dans sa tête, ni dans sa chair, ni dans sa psyché. Vous imaginez bien, avec tout ce qui a déjà été expliqué dans ce livre, qu'un individu hypersensible ressentira la douleur – physique comme psychique – à un niveau bien plus élevé que la moyenne des gens. Nous ressentons toutes les choses avec plus d'intensité, la souffrance et la douleur ne font pas exception ! Si vous ressentiez le quart de ce que nous ressentons au quotidien, je pense que vous seriez en train de chialer à longueur de temps. Alors... un peu d'empathie, cessez de nous fustiger !

« Comment ça va ? »
Une expression « de merde » !

J'en parlais un peu plus tôt... « *Comment ça va ?* » La plupart des gens disent cette phrase quand ils rencontrent quelqu'un. Vous le faites, je le fais également. C'est machinal. Mais en réalité, qu'en ont-ils à faire de savoir « comment vous allez » ? Rien que cette formalité, cette convention sociale totalement hypocrite me dégoûte. Et certains poussent même le bouchon encore plus loin en vous donnant la réponse dans la question : « *Comment ça va bien ?* » Que répondre à ça ? Le diktat de la société actuelle vous impose de répondre « *oui, ça va* », sans quoi vous devrez faire face à un certain rejet ou à une moue de compassion au mieux, mais qui n'en pense pas moins. Ou plutôt si... qui se dira : « *Mais bordel, dis que ça va, j'en ai rien à foutre de ta vie, Ducon.* » Encore une fois, cet optimise obligatoire de forcenés ! Mais pourquoi donc demander si ça va si on ne veut pas entendre la vérité ? Ah, ce sont les conventions sociales, c'est comme ça, il paraît. Ah ok. Je m'en fous des conventions sociales, ça, c'est dit aussi. Si vous me demandez comment je vais, assumez donc votre question et la réponse honnête qui vous sera donnée, sinon, ne demandez pas ! Mais sachez que quand je vous demande comment vous allez, ça m'énerve de ne recevoir qu'un « *oui, ça va* ». Si je vous demande comment vous allez, c'est parce que je m'intéresse à vous. Ok, j'avoue que je le dis souvent aussi par habitude, ou parce que je ne sais pas quoi dire... Tout dépend du contexte, bien évidemment. Mais on m'a récemment dit qu'il ne fallait jamais dire que ça ne va pas, qu'il fallait garder ses problèmes pour soi, prendre sur soi, blablabla. Finalement, la société pousse à mentir, à être malhonnête vis-à-vis non seulement des autres, mais de soi-même. C'est ainsi que je le vois et le ressens en tout cas. Maintenant, tout dépend à qui vous vous adressez. Mais quand on me pose cette question, qu'importe qui, j'ai toujours quelque part envie d'en dire plus. Ou alors, je n'ai pas envie de lui dire et je me sens comme un menteur en disant « *oui, ça va* ». C'est cela, j'ai cette sensation désagréable d'avoir été malhonnête. Donc, en fait, par pitié, ne me demandez pas si ça va si vous ne voulez pas entendre la réponse, vous me mettez mal à l'aise et me faites passer pour un menteur (parce qu'évidemment, je ne vais « jamais bien », il paraît) !

D'ailleurs, l'origine de ce terme est plutôt, comment dire, une « histoire de merde » ! Puisqu'on demandait au roi tous les matins comment il allait (aux toilettes) pour savoir s'il était en bonne santé. Cette convention sociale est donc, excusez du peu, merdique ! Un médecin attitré était même chargé de vérifier la couleur des « matières fécales » de Sa Majesté pour y détecter d'éventuelles maladies. Vous aurez cette image en tête la prochaine fois que vous demanderez « comment ça va ? » à quelqu'un ! Merci qui ? Merci Gilles !

Les réseaux « anti-sociaux »,
une fosse aux lions !

Il en va pour le bien de tout le monde d'essayer de comprendre l'autre. Sans le juger. Là, c'est déjà moins évident. On voit le résultat sur ces fameux réseaux « anti-sociaux » (ou « asociaux » ?) qui ressemblent souvent plus à un jardin d'enfants qu'à autre chose. C'est comme une cour de récré où tout le monde se tape sur la gueule en se balançant des vacheries plus blessantes les unes que les autres. Un vrai défouloir des plus bas instincts. D'un lieu censé être (utopiquement) convivial, j'ai parfois l'impression qu'il y a là quelque part une sorte de compétition pour celui ou celle qui sera le plus malveillant ou la plus malveillante possible envers son prochain. Je le constate tous les jours. « Casser » l'autre y est presque devenu un sport olympique : celui qui a brisé son adversaire le plus méchamment remporte la médaille.

Ainsi, on juge et on stigmatise sans savoir, sur base de simples « on-dit » sans jamais chercher plus loin. On insulte, on harcèle, on traîne dans la boue une personne qu'on ne connaît même pas. Une goutte d'eau devient un océan. Or, dans la tête d'un hypersensible, une goutte d'eau est déjà un fleuve, alors si en plus ce fleuve est transformé en océan, c'est le déluge intérieur. L'apocalypse. Clairement, la plupart des gens jugent les autres sur base de préjugés dictés par l'inconscient collectif d'une société formatée et conditionnée pour penser d'une façon spécifique. Selon la région du monde où vous vivez, il est en effet intéressant de constater que les mentalités d'un groupe de personnes ont généralement de nombreux points de similarité pour tout le groupe. Tout le monde ne pense bien évidemment pas de la même manière, mais il y a des points communs assez prononcés. Je pense que toute personne qui a déjà voyagé aura fait ce constat (ou peut-être n'est-ce là encore qu'une spécificité des hypersensibles de percevoir ce genre de choses ?). Quel est le rapport avec l'hypersensibilité, me direz-vous ? Le rapport est que lorsque vous êtes face à quelqu'un de « différent », le minimum de savoir-vivre est de ne pas le juger en fonction de votre propre « conditionnement sociétal ». Ni des apparences. Évidemment, il n'est pas écrit sur notre front que nous sommes « hypersensibles », ce qui corse tout de même les choses. Et beaucoup de personnes hypersensibles ne sont pas non plus conscientes de l'être. De même que certains pensent l'être et ne le sont pas... Donc, c'est un principe de base que toute personne sensée devrait appliquer tous les jours. Plus facile à dire qu'à faire, c'est certain. Avant de « juger » quelqu'un, essayez donc d'abord de comprendre pourquoi il ou elle a réagi de la sorte, quel est son vécu, etc. Combien de fois sur ces torchons de réseaux n'a-t-on pas vu des personnes se faire harceler et lyncher à cause d'une vidéo ou d'une photo prise hors contexte ? Des torrents de haine déferlent alors sur elles, alimentés par des ignares et des « on-dit » sans aucun fondement. Ça arrive tous les jours... il suffit qu'un crétin prenne une photo hors contexte et mette en sous-titre sa vision fantasmagorique de la situation et la machine infernale se met en route : ils acquiescent tous sans chercher plus loin. Cet effet de groupe est fascinant et sidérant à la fois. Ça me rappelle la chasse aux sorcières d'antan.

Effrayant. Un véritable tribunal digne de l'Inquisition. Car le harcèlement sur ces réseaux peut conduire à des situations dramatiques. Combien de gens se sont déjà donné la mort suite à du harcèlement sur Internet ? Trop, beaucoup trop. Des adultes, mais aussi et surtout des ados, et même des enfants. Et je ne parle même pas de ces « challenges » mortellement stupides. Je n'ose imaginer ce qu'aurait été ma jeunesse avec ces réseaux, déjà que je subissais les moqueries incessantes de mes « camarades » de classe à l'époque – une époque où heureusement tout ça n'existait pas encore – alors imaginer mon enfance avec ces réseaux aurait décuplé le problème. Enfant, je ne portais pas les dernières fringues à la mode et en plus j'étais devenu extrêmement timide (je ne l'étais pourtant pas dans ma petite enfance). Et avant de devenir totalement invisible durant mon adolescence, j'étais la tête de Turc de ma classe : les gens me volaient mes affaires et jouaient avec, me balançaient des choses à la tête pendant les cours... C'était la routine. En classe, il arrivait même qu'ils poussent le bouchon jusqu'à m'humilier devant tout le monde : ils mimaient une sorte de matière gluante qu'ils tenaient en main et se la jetaient virtuellement l'un sur l'autre avec dégoût, comme s'ils se jetaient de la merde, en criant « *haa, beurk, du "Nuytens"* »... devant le prof qui peinait à se retenir de rire. Qu'auraient-ils fait si les réseaux asociaux existaient déjà à l'époque ? Car le harcèlement sur Internet a juste décuplé les choses. Mieux vaut ne pas le savoir, sans doute. Peut-être aurais-je été le visage de l'un de ces faits-divers sordides...

Ces réseaux pseudo sociaux sont une véritable source d'angoisses et de frustrations pour tout le monde, mais pour les hypersensibles, c'est encore pire. En plus de n'y avoir aucun filtre, ils peuvent se transformer en un instant en machines à « tuer ». Au sens propre comme au figuré. Des machines à dépression et à burn-out aussi. La puissance de destruction de ces « outils » est incommensurable sur la psyché d'un individu sensible. C'est pour ça que même si je suis actif sur ces réseaux, j'évite au maximum de participer à des conversations et de lire des contenus qui me mettraient dans un état d'angoisse et de colère. Pourtant, il est tout aussi difficile d'y échapper lorsqu'on y est. Difficile de ne pas laisser cours à sa colère quand on voit des contenus ou commentaires révoltants. Mais y réagir ne ferait qu'amplifier le problème de façon exponentielle, je le sais. Pourtant, parfois, la tentation de répondre est irrésistible, alors j'y laisse forcément des plumes... C'est pourquoi je ne commente quasi plus jamais les contenus chez les autres, car il en faut toujours l'un ou l'autre pour venir me faire un commentaire désobligeant ou me faire la morale, ce qui risque bien sûr de faire boule de neige et de dégénérer. Ça arrive tout le temps, j'ai une grande gueule. En général, je dis ce que je pense de façon très cash : j'ai horreur de tourner autour du pot et de jouer l'hypocrite. Commenter quelque chose sur un groupe, sur une page « publique » ou même chez quelqu'un me donne l'impression de descendre dans la fosse aux lions, une fosse où nous sommes jetés en pâture aux affamés de haine pour qui « l'abjectitude » n'a pour ainsi dire plus aucune limite. Et qui a envie de descendre là-dedans ? Pas grand monde. Cette « fosse » est un défouloir dont aucun hypersensible ne sortira indemne s'il ose s'aventurer un petit peu plus loin que son « profil » privé ou que son cercle d'amis restreint.

On me dit souvent : « *mais dans quel monde tu vis ?* », « *il faut prendre du recul, ne pas prendre tout pour toi* », blablabla. Eh bien, ce n'est pas une question de vouloir ou non, nous en sommes juste incapables. Ce serait comme demander à quelqu'un de se retenir d'aller aux toilettes alors que sa vessie est sur le point d'éclater. Hélas, aujourd'hui, si nous ne sommes pas présents sur ces réseaux, nous sommes mis au ban de la société. Et pour un auteur et un artiste, avoir une présence sur ces plateformes est hélas indispensable. De même que faire face à la critique – parfois agressive – est très difficile. Certains artistes qui peuvent se le permettre ont des agents artistiques qui s'occupent de cela, mais ce sont là hélas des exceptions ! Alors, il faut subir cette pression sociétale en plus. Avec tous les risques de « débordements » que ça comporte.

On me dit encore très régulièrement ceci : « *mais tu t'en fous* », « *pourquoi tu te prends la tête avec ça* », « *tu t'en fiches, laisse-les dire* », etc. Combien de fois m'a-t-on déjà sorti ces fameuses répliques insupportables ! Pensez-vous que je suis un imbécile qui ne sait pas qu'en théorie, je devrais « *m'en ficher* » ? Pensez-vous réellement qu'en me disant ça, ça va m'aider à « *m'en ficher* » ? J'ai horreur qu'on me sorte ce genre d'injonction, car ça y ressemble très fort, à une injonction. De plus, c'est souvent même dit avec un dédain aussi certain que méprisant. Au lieu de nous le reprocher, essayez donc de comprendre pourquoi ça nous touche à ce point. À votre avis, si nous en parlons, c'est peut-être parce que justement nous n'arrivons pas à « *nous en foutre* », c'est peut-être parce qu'on en a besoin. Un besoin d'extérioriser un ressenti difficile à gérer tout seul. Alors, ce genre de réflexions, c'est comme pour dire : « *Ferme-la !* » C'est ça que je ressens, en fait, quand on me dit ça : « *Arrête de te plaindre et tais-toi !* » Vous imaginez bien que ça ne fait que l'inverse de l'action souhaitée.

On nous reproche nos réactions extrêmes et excessives, mais parfois, je ne comprends pas non plus les réactions des gens que je trouve également extrêmes. Pourquoi ainsi dégager quelqu'un de sa vie juste parce qu'il a poussé un coup de gueule dans un moment de faiblesse sur l'un de ces réseaux asociaux ? Pourquoi ? Retirer quelqu'un de ses « amis » sur ces réseaux est symboliquement très fort. Tout comme on m'accuse d'avoir des réactions extrêmes, je trouve cela également d'une extrême superficialité crasse.

La force de la faiblesse ou la faiblesse de la force ?

Il paraît que le monde n'aime pas les gens « faibles ». On m'a déjà dit ça plusieurs fois. Et je l'ai constaté également. Or, dans l'inconscient collectif, les hypersensibles sont souvent vus comme des gens « faibles ». Je vais donc être très clair à ce sujet : je pense que devoir faire face à des émotions fortes en permanence génère, au contraire, de la force. Comme lorsqu'on s'entraîne à la salle de sport : faire des exercices augmentera votre force, votre musculature, votre endurance. Mais c'est quoi, être « faible » ? Et c'est quoi, être « fort » ? Selon moi, c'est juste un concept qui dépend de votre conditionnement sociétal. Oui, encore lui, ce fameux conditionnement sociétal ! Tel un cancer, il est partout, s'insinue dans les moindres recoins de notre conscience et gangrène nos sociétés de fond en comble. Car tout dépendra bien sûr du point de vue que l'on portera sur ce qu'on considèrera comme « faible » ou « fort ». Qui détient la « force », celui qui gagne haut la main ou celui qui perd après avoir malgré tout réussi à surmonter l'insurmontable ? Malheureusement, dans ce monde, il est affligeant de constater que seules les apparences génèrent de l'intérêt. Il ne faut pas se leurrer là-dessus. Tant pis pour vous si vous êtes unijambiste et que vous avez sué pour parvenir à monter l'escalier, seule la personne valide sera acclamée pour l'avoir monté. Parce que cette société ne voit que le résultat : le « vainqueur ». « *The winner takes it all* ». Il conviendra donc peut-être de se dire que seul le résultat compte après tout, peu importe le chemin parcouru pour y parvenir. Oh oui, il arrive bien sûr que parfois, le monde se réveille subitement suite à un « buzz » sur Internet, et alors là, il y a un sursaut de conscience. Mais tellement éphémère et si vite oublié…

Pour certaines choses, les hypersensibles sont donc comme des voitures de course, alors que pour d'autres, ils ont une jambe de bois. Pourtant, surmonter une timidité, faire face à une avalanche de critiques, de harcèlement sur le Net lorsqu'on est hypersensible est bien plus méritant que pour une personne « qui s'en fiche ». Chaque personne a un ressenti différent. Une personne timide qui devra parler en public aura plus de mérite qu'une autre pour qui c'est naturel, mais la société ne verra que ses faiblesses et applaudira l'autre. Ainsi va le monde. Le nier ne changera rien. Or la personne hypersensible peut paraître « faible », alors qu'en réalité, sa force est incomparable par rapport à une personne qui n'a pas le même ressenti. Pour reprendre l'exemple précédent, c'est peut-être aussi un petit peu comme si une personne paralysée d'une jambe parvenait à gravir le sommet d'une colline toute seule ou même simplement monter un escalier, alors que pour une personne « valide », c'est un jeu d'enfant. Qui a le plus de force et de mérite, selon vous ? Bien entendu, les gens diront qu'au final, seul le résultat compte. Et ce n'est pas tout à fait faux, mais ça n'empêche qu'au final également, qui a un mental plus fort ? Je vous laisse méditer là-dessus.

Nous, les hypersensibles, avons besoin de soutien, parfois simplement d'être rassurés comme quelqu'un d'autre aurait besoin d'air frais pour se sentir bien. Or, souvent, c'est sujet à moqueries, à plaisanteries douteuses : cela semble totalement impossible à comprendre, car nous sommes des « faibles », des « geignards », des « chiffes molles ». Enfant et surtout adolescent, j'étais un timide maladif. Aujourd'hui, je suis acteur (entre autres), j'ai joué dans quelques films et fait un peu de théâtre. J'ai même été invité en direct à la TV dans une émission sur une chaîne nationale française. Pensez-vous que ce soit une faiblesse ? Imaginez le travail pour en arriver là, moi qui tremblais à l'idée de parler devant la classe à l'école, je me retrouve à parler devant une centaine de milliers de personnes… extrêmement hostiles, qui plus est ! Je suis faible ? Vous l'êtes aussi dans des domaines qui vous sont propres. Je ne vous le reproche pas pour autant.

Être hypersensible, c'est aussi avoir des idées plein la tête, le cerveau qui bouillonne à chaque instant. C'est avoir une imagination en ébullition. C'est un don pour énormément de choses, comme la créativité, par exemple. Mais chaque « don » a malheureusement son revers de la médaille, et parfois, c'est juste invivable et ingérable. Par exemple : par moments, je pense en l'espace de quelques secondes à mille choses que je « dois faire ». Alors j'en oublie forcément beaucoup (pas le temps de les noter que ça s'évapore déjà…) et je tourne en rond – parfois des heures – à tout tourner dans ma tête, à tout ressasser jusqu'à ce que je retrouve ce que j'ai « perdu ». Parfois, ce sont même juste des impressions, des sensations… Impossible de lâcher prise, je n'arrive pas à retrouver mes esprits tant que je n'ai pas « retrouvé » ce qui a été « perdu/oublié »… C'est insupportable. J'ai parfois (souvent même) l'impression de devenir fou, de perdre la tête, la raison : je deviens agressif, distrait ou donne l'impression d'être « dans la lune » ou sur une autre planète.

Et comme je ne veux rien oublier, ça me brûle le cerveau. Gérer la pression est également une véritable horreur. Lorsque je suis sollicité de toutes parts ou lorsqu'il faut gérer trop de choses et d'informations à la fois, lorsque j'ai d'un coup trop de choses à penser ou à faire, surtout des « petites » choses, je pète un câble, je pète les plombs, je suis paumé et ça me prend par l'estomac : je ressens cette impression étouffante d'être « submergé » ou « noyé ». Et je n'ai plus qu'une seule envie : tout plaquer. La déprime en devient alors en quelque sorte « libératrice », puisqu'on lâche tout et on se fout de tout… c'est presque une délivrance. Une sorte de paix intérieure qui fait paradoxalement quelque part du bien. C'est même parfois une étape nécessaire pour pouvoir remonter la pente : toucher le fond pour pouvoir mieux remonter. À ne pas confondre bien sûr avec la dépression qui est une sensation insupportable avec un mal-être très profond.

N'oublions pas que qui dit hyperactivité cérébrale dit aussi consommation d'énormément de ressources et… épuisement. Un épuisement cérébral qui joue sur le moral et donne l'impression d'être « toujours fatigué » ou « négatif » par la société. Eh oui !

Je suis constamment tiraillé entre 2 pôles : entre les avantages et les inconvénients de ce « don ». En quelque sorte, je me sens étouffé par « le négatif du positif ». Parfois, les points positifs l'emportent sur les points négatifs, et parfois, ils sont étouffés, massacrés, oblitérés. Il arrive même que je ressente des émotions qui semblent aller jusqu'à se rapprocher d'une forme de bipolarité non pathologique. Le revers de la médaille des bénéfices de l'hypersensibilité peut donc par moments être un lourd fardeau et un lourd tribut à payer. Beaucoup de gens nous prennent d'ailleurs régulièrement pour des gens « bipolaires ». Alors, mettons les choses bien au clair ici, c'est nécessaire : la bipolarité est une pathologie clinique, l'hypersensibilité non. Ça ne se soigne pas. Il faut faire avec. Nos réactions parfois extrêmes et soudaines peuvent être confondues avec de la bipolarité, mais il n'en est rien. Cependant, rien n'empêche non plus d'être hypersensible ET bipolaire à la fois. Une combinaison explosive…

Hypersensible, hyper agressif ?

Nous nous énervons vite, parfois pour un oui ou pour un non. Nous nous emportons, nous surréagissons, nous avons des réactions jugées « excessives » par le « commun des mortels ». Pourtant, ces réactions nous semblent tout à fait justifiées, car intérieurement, ça bouillonne : il y a un volcan prêt à entrer en éruption à chaque instant. Un mot, une phrase, une attitude peut stimuler quelque chose dans l'inconscient : une blessure enfouie qui va d'un coup ressurgir. Évidemment, la personne en face en prendra pour son grade. Elle prendra « pour tous les autres ». Ou rien que pour elle, ça dépend. En tout cas, certaines attitudes peuvent donc titiller des douleurs et/ou frustrations « endormies » qui sont souvent inconscientes, mais en même temps suffisamment conscientes pour être blessantes. Parfois, il nous arrive même d'avoir ces réactions « excessives » et de ne pas en comprendre la violence sur le coup. Ce n'est pas forcément un souvenir, c'est un stimulus, une sensation désagréable de déjà-vu à répétition qui fait parfois bondir et qui justifie nos réactions. Un peu comme un réflexe. Et souvent, le ressenti est tellement fort que les réactions ne semblent pas si « excessives » que ça à nos yeux. Ce que vous prenez pour de l'agressivité peut donc cacher des souffrances que vous ne soupçonnez pas. Alors, ne jugez pas trop vite les gens, même si vous aussi devez faire avec votre propre vécu. La vie est compliquée pour tout le monde ! Bernadette m'a confié ceci à propos de son vécu et de cette agressivité apparente : «*Quand j'allais voir la personne qui me traitait (fleurs de Bach et huiles essentielles) après une hyper dépression il y a 20 ans, il disait toujours "on dirait un homard : si dur à l'extérieur et si tendre à l'intérieur". Parfois aussi, il me comparait à un oursin qui sort ses piquants pour se défendre. Se défendre de quoi ? Du monde extérieur, tout simplement. En effet, j'étais toujours sur le qui-vive, sur la défensive, les nerfs à fleur de peau, et me sachant tellement vulnérable, j'essayais de me forger une carapace. Et pour ne pas être blessée... j'attaquais. Une collègue de bureau me disait régulièrement "mais essaye de parler plutôt que d'aboyer" ! Je la remercie, car grâce à elle, j'ai pu améliorer un peu au moins cela*».

Beaucoup de gens s'imaginent encore souvent que ceux qui s'énervent vite, c'est parce qu'ils ont tort, qu'ils manquent d'arguments ou qu'ils sont stupides. C'est évidemment une grave erreur de penser ça !

Il y a quelques années, j'ai vécu un traumatisme. En tout cas, c'est ainsi que je le ressens. Mais ne vous attendez pas à quelque chose de tape-à-l'œil, car vous risquez d'être déçus. Vous allez sûrement rire et me prendre de haut. Peu importe. À quelques semaines d'intervalle, j'ai eu 2 nouveaux voisins, l'un en dessous de chez moi, l'autre dans la maison mitoyenne du côté chambre. Ils ont tous les 2 eu « l'excellente » idée d'entreprendre de rénover leur maison entièrement : c'est-à-dire, tout casser – mais vraiment tout, sauf les murs extérieurs – puis tout refaire. Le premier commençait à forer dans le mur à 50 cm de mon lit et de mes oreilles dès 7 h tapante du matin (même parfois avant). Fin des travaux vers 17 h. Le second commençait vers 10 h pour terminer parfois à 20 h (ce qui est illégal, mais il a toujours nié... «*Ce n'est pas vrai*», martelait-il lorsque je m'en plaignais). Quand l'un ne tapait pas en dessous de mes pieds, l'autre tapait dans le mur. Et parfois, c'étaient les 2 en même temps. Une vraie « chorale » cacophonique. Ce « cirque » a duré près d'un an. La nuit, j'en faisais même des cauchemars : je me réveillais régulièrement en sursaut par un bruit de marteau ou de foreuse « imaginaire » provenant de mon subconscient. Je rêvais de marteaux, de foreuses, de scies à métaux, d'éboulements de pierres... Ils travaillaient parfois même le samedi. Quelques dimanches aussi. Et comme si ce n'était pas déjà suffisant, pour bien m'achever, les voisins du dessus faisaient régulièrement la fiesta le soir ; les va-et-vient dans l'immeuble, ça y allait. Ils couraient et dansaient au-dessus de ma tête. Et quand ce n'étaient pas les uns, c'étaient les autres. À bout de nerfs, je pétais câble sur câble, je faisais crise de nerfs sur crise de nerfs... j'étais au bout du rouleau. N'importe qui aurait aussi pété une durite, sans doute. Mais imaginez ça en plus avec un ressenti d'hypersensible. Tout est décuplé. Alors au lieu de s'excuser lorsque je me plaignais, le type faisait exprès de faire encore plus fort. Il m'a même dit de mettre des boules Quies en se foutant de ma tête du haut de son arrogance. Avec un tel volume sonore, autant vous dire que ça ne sert à rien. Surtout quand on fore dans le mur à 50 cm de vos oreilles pendant que vous dormez. Le réveil est brutal ! J'en étais même arrivé au point d'être angoissé de m'endormir de peur d'être réveillé brutalement. Dès le soir, j'angoissais déjà pour le lendemain. Que pouvais-je y faire ? La police me disait qu'ils avaient le droit dès 7 h du matin et que c'était à moi d'adapter ma vie en fonction d'eux (!). Sur la fin, les nuisances duraient parfois jusqu'à 22 h : c'étaient les coups de marteau pour « monter les meubles », disait-il. Ce n'étaient pas des « travaux » à proprement parler, alors légalement, il avait le droit... Plus tard, avec sa musique, il a enfoncé le clou encore plus profondément, il s'en est donné à cœur joie : il n'hésitait pas à mettre le volume à fond (des grosses basses à en faire tout vibrer chez moi…) juste pour m'emmerder et se venger de mes coups de gueule à propos de ses nuisances. Il a fini par l'avouer lors d'une tentative de conciliation (en n'oubliant pas de bien mentionner le fait qu'il faisait de la « boxe », vous voyez le genre…). Il mettait sa musique juste assez longtemps pour m'emmerder et pas assez longtemps pour que la police puisse arriver à temps. Le comble : il a même osé se plaindre que moi, je faisais trop de bruit. Alors, lorsque même chez soi, on ne peut plus se réfugier pour avoir la paix et que vous n'avez nulle part d'autre où aller, c'est la descente aux enfers. Notre « chez-soi » est censé être notre « havre de paix », un endroit pour se ressourcer, mais lorsque celui-ci est « envahi » et se transforme en cauchemar, l'enfer n'est plus très loin.

Depuis, j'ai développé une phobie de ce type de travaux bruyants ainsi que de certains types de bruits (j'étais déjà allergique aux tic-tacs des horloges, alors imaginez…). Le simple fait d'entendre des coups de foreuse et de marteau au loin me rend agressif. Je n'arrive plus à les supporter. En plus d'une agressivité incontrôlable envers tous mes voisins. Il m'a fallu près de 2 ans pour que la colère diminue. Je dis bien « diminue ». Et encore, aujourd'hui, rien que le fait d'écrire ces lignes, je sens la rage monter d'un cran. Je n'ai qu'une seule envie : lui fracasser le crâne avec une batte de baseball. Jusqu'à voir sa cervelle décorer le bitume. Jamais il n'aura mon pardon. Je ne suis pas Jésus, je ne tends pas l'autre joue.

Le manque de confiance en soi, un grand classique !

Vous est-il déjà arrivé de ne pas avoir confiance en vous ? Eh bien, sachez que chez les hypersensibles, c'est une constante. Pire : on nous le reproche très souvent ! Par exemple, rien que pour écrire ce livre, j'ai dû faire face à de nombreuses remises en question, à des interrogations, à des doutes. Il m'a fallu en tout près de 7 mois pour le finaliser alors que j'avais estimé sa rédaction à 3 mois maximum. J'ai fait une pause de plus de 2 mois en plein milieu, car j'avais totalement perdu confiance en moi. Je n'y croyais plus du tout. Sans compter les multiples re-lectures, re-modifications et re-pauses car le résultat ne me satisfaisait jamais ! Je me disais constamment : « *Ils vont me juger, ils vont trouver ça moyen, voire mauvais, ils vont chercher la petite bête pour me casser, ils vont me prendre de haut, hausser les épaules avec dédain, me dire que tout ce que je sais faire, c'est me plaindre, ils vont se foutre de moi ou me regarder avec pitié, le sourire en coin...* » Vous aurez peut-être remarqué certains détails de « manque de confiance en moi » disséminés ci et là dans ce livre qui reflètent assez bien ce que j'essaye d'expliquer ici. Le point positif, c'est que j'en suis parfaitement conscient et que, plutôt que de le cacher (ce qui me semblerait malhonnête), j'ai préféré jouer la transparence et l'honnêteté.

Mais pourquoi cette perte de confiance en soi tellement fréquente chez les hypersensibles ? Il y a des raisons parfaitement terre-à-terre à cela ! Ce n'est bien entendu pas une spécificité propre aux hypersensibles, mais elle survient chez beaucoup d'entre nous. Une première explication est que lors d'interactions avec les autres, via les neurones miroirs dont je vous ai déjà parlé précédemment, notre subconscient est parfois imbibé de l'image négative de nous-mêmes que ces personnes nous renvoient (inconsciemment ou non). De plus, l'image parfois ultra positive qu'ils nous renvoient d'eux en même temps nous fait quelque part souffrir de la comparaison. Elle nous fait de l'ombre. Une sorte de dommage collatéral de cette forte empathie dont nous sommes dotés. C'est d'autant plus lié à cette capacité à décoder de façon instinctive (et parfois inconsciente) le langage non verbal. Une seconde explication, plus technique, m'a été apportée par Cathy Assenheim : « *Un cerveau hypersensible est tout le temps en alerte puisqu'il capte plus d'infos. Tout est sujet à stimulation. Il y a donc une exacerbation émotionnelle qui par essence lui fait perdre sa stabilité. Mais aussi des lobes occipitaux sur actifs dans une création d'images mentales... du pire. Car la confiance en soi n'est rien d'autre que la capacité à rapidement rétablir l'image profonde qu'on a de nous-mêmes. Avoir confiance en soi signifie que malgré les doutes ou les stimulations externes, on revient très vite à l'équilibre. Les hypersensibles étant constamment surstimulés, cette stabilité est donc d'autant plus mise à l'épreuve.* »

Et cette instabilité peut en plus être amplifiée par des facteurs extérieurs. Si, par exemple, comme c'est mon cas, je produis un travail dont je me sens fier et qu'il n'est pas reconnu à sa juste valeur (à cause par exemple d'un décalage social qui ne me permet pas de le promotionner comme je le voudrais), je me sentirais « minable », voire coupable de ne pas avoir été capable de faire ce qu'il fallait pour atteindre l'objectif. Un frein également occasionné par cette « peur » inconsciente (ou semi-consciente) de devoir faire face à une avalanche de stimuli à cause d'une trop grande exposition au monde « extérieur ». C'est une dualité en conflit intérieur constant : cette envie d'être reconnu et la peur d'être « trop » reconnu. Et alors je me dirais : « *de toute façon, quoi que je fasse, ça ne marche jamais, les autres ne me voient pas et ne me prennent jamais au sérieux, ils me prennent toujours de haut avec ce regard paternaliste* » ou « *je ne suis pas doué pour baratiner et me mettre en valeur* ».

Le manque de confiance en soi peut également influencer la prise de décisions. Si nous ne nous faisons pas confiance, comment faire alors pour être sûrs de prendre la bonne décision ? Il y a tellement de stimuli et de paramètres qui nous déstabilisent qu'intérieurement, c'est le chaos. Face à un dilemme, que choisir ? Philippe m'explique que, pour lui, la prise de décision est parfois un choix cornélien : « *Parfois, il s'agit de reporter une tâche ingrate à plus tard (le ménage) au risque de se brouiller avec les gens avec qui on habite, qui sont évidemment très à cheval sur la propreté... Parfois, on se dit "si je fais le ménage tout de suite, plus d'embrouille après", mais en fait, t'as juste pas le temps de le faire directement sur-le-champ, et ça, personne ne le comprend sauf toi... donc tu reportes et, évidemment, on vient te rappeler 10 minutes plus tard que la vie en communauté, ça implique ceci cela... etc., etc. Pour le coup, il y a une sorte de culpabilisation pour cause de paresse... alors que pour toi, tes priorités sont ailleurs, il y a des choses plus urgentes à faire ! Et surtout des sujets de dispute moins futiles... Qu'est-ce que ça doit être si un jour il y a un vrai problème à gérer ! [...] Il y a aussi le fait que les doutes et les peurs qui accompagnent les dilemmes de la vie quotidienne génèrent des tensions dans la nuque, des douleurs physiques qui sont parfois vraiment handicapantes. Du coup, traitement kiné plusieurs fois par mois. Du coup, encore plus de déplacements, encore moins de temps à consacrer aux tâches urgentes du travail (sans parler du temps libre)... et donc encore plus de stress et de maux de tête...* »

Lors de mes études de dessin, j'étais fort complexé, car je ne me sentais pas à la hauteur du talent des autres étudiants de ma classe. Ils venaient tous d'humanités artistiques ou d'écoles de ceci et cela. Ils avaient tous un talent fou. Moi, j'étais novice, je venais d'humanités classiques. Je n'y connaissais rien. Tout ce que j'avais, c'étaient des petits dessins que je faisais dans mes cahiers, ce genre de choses. Et une motivation. Mais qui s'est hélas vite étiolée en voyant ce que les autres arrivaient à faire. Alors, lorsqu'un de mes profs de dessin « modèle vivant » a pris mon carnet de croquis en plein cours et l'a montré à toute la classe en disant : « *Regardez, voici ce qu'il ne faut pas faire* », je l'ai tellement haï que même 20 ans après, je le hais toujours. L'humiliation que j'ai ressentie ce jour-là a cassé mes espoirs. J'ai raté mon année, j'avais perdu la motivation. Comment voulez-vous avoir confiance en vous après ça ? Et ceci n'est qu'un seul exemple parmi d'autres…

Hypersensibilité et décalage social

Hypersensible, ce terme, je l'utilise malgré moi, car rien que l'idée d'être ainsi catégorisé et catalogué me répugne. Mais cela me permet également de mettre un mot sur mon mal-être, sur ce que je subis depuis toujours sans m'en rendre compte, et surtout en culpabilisant d'être ce que je suis, d'être QUI je suis, de ne pas réagir comme la société me dicte de le faire, de ne pas arriver à m'intégrer dans cette société qui me ronge et me détruit à petit feu. Je me suis toujours senti « différent » sans jamais réellement comprendre ou savoir pourquoi. En réalité, je n'ai jamais réussi à m'intégrer dans des groupes – ni où que ce soit – car ça finit toujours par des frustrations, des incompréhensions, des malentendus et tout « part en couille ». Oui, je suis « vulgaire », « grossier », tout ce que vous voulez. J'utilise des mots « choc ». Paraît-il, vrai ou pas, que ce serait un signe d'intelligence et même d'honnêteté. Au moins, et c'est déjà ça, je ne suis pas hypocrite et je ne fais pas ma « sainte-nitouche », chose dont j'ai une horreur proche du dégoût. « *Il semblerait que le fait d'user des jurons soit un moyen de communiquer avec un maximum d'efficacité. […] Ces résultats laissent à penser que le juron serait ici une réponse émotionnelle, un mécanisme de défense naturel qui non seulement libère de l'adrénaline et accélère le pouls, mais soulage également la douleur. Une sorte d'analgésie induite par le stress occasionné.* » (Source : *sciencepost.fr*)

Parfois, il est juste impossible d'exprimer avec des mots ce que je ressens, alors souvent, j'exprime les choses maladroitement. Ou agressivement aussi. Le problème actuel étant que les gens n'essayent plus de comprendre les autres. Ils collent des étiquettes, ils interprètent les attitudes, les mots, les choses, les phrases, les déforment et les tournent dans le sens de leurs propres fantasmes. Et ça génère bien entendu des conflits. Tout ça me rend dingue et me fait fuir. Fuir ce monde de fous que je n'arrive plus à comprendre. Je fuis les contacts humains, car ça m'étouffe : trop d'émotions – positives comme négatives – m'épuisent mentalement et moralement. Quand je suis avec des gens, lors d'évènements, de fêtes ou dans n'importe quel « groupe », je m'y sens toujours comme un étranger. Bien sûr, il y a certainement des tas de facteurs qui contribuent à ça. D'ailleurs, je pense en avoir déjà passé pas mal en revue. Par exemple, enfant, on me disait timide, réservé ou dans les nuages. Dès lors, je cherchais – et je cherche quelque part toujours – « à plaire »… ce qui cause presque systématiquement des déceptions, car les attentes d'un « retour » sont trop fortes et le « retour » tant attendu ne vient quasi jamais.

Malgré tout ça, autant je suis quelqu'un qui s'attache très vite aux gens, autant je peux très vite les prendre en grippe : je peux tout aussi vite les envoyer se faire voir s'ils me font du mal et me déçoivent que je peux « flasher » sur quelqu'un. Amicalement ou amoureusement. J'aime avec passion, mais je hais avec tout autant de passion. On me le reproche souvent : « *tu t'attaches trop vite aux gens, Gilles* » ou « *t'exagères, tu dégages un peu trop vite les gens de ta vie* ». Pourtant, des gens m'ont déjà eux aussi dégagé de leur vie pour un oui ou pour un non, et ce après leur avoir rendu des tonnes de services sans jamais aucun retour. Et ça, je le ressens comme une trahison. C'est même encore arrivé tout récemment alors que je rédigeais ce livre que vous tenez entre les mains. Je n'arrive plus à faire confiance aux gens. Combien de fois me suis-je senti trahi par ceux que je considérais comme mes « amis » ? Trop. Ces émotions et ce ressenti extrême rendent très difficile le « pardon ». Je n'y arrive pas : une fois que je me suis senti trahi, c'est terminé pour de bon. Et pour avoir mon pardon, il en faut vraiment, vraiment beaucoup, en général. Ce n'est pas un caprice, c'est viscéral, je n'en suis juste pas capable. Seuls le temps et beaucoup d'efforts pourront peut-être faire leur œuvre.

Voici un exemple, ce n'est pas le seul, mais il suffira. C'est celui qui a amorcé ma « chute » et ma descente aux enfers dans la vie. Il y a une vingtaine d'années, celui que je considérais alors comme mon meilleur ami a pour moi trahi notre amitié, une amitié de près de 10 ans. Encore une anecdote qui vous semblera sans doute incompréhensible et insignifiante, mais qui pour moi fut une douche froide. Glaciale même. Nous étions un petit groupe d'amis et de copains… enfin, surtout son groupe à lui en fait : ils étaient quasi tous informaticiens, sauf moi. Moi, l'artiste, j'étais déjà « l'outsider ». Je ne comprenais rien à leur jargon quand ils parlaient entre eux. Des fois, je me sentais même juste « toléré » en leur présence. À l'époque, voyager était un rêve, je n'avais jamais eu beaucoup l'occasion de le faire en dehors des voyages scolaires et des vacances à la mer en famille, en Belgique ou en France. C'était quelque chose qui me tenait vraiment à cœur et il le savait très bien. Nous en avions déjà discuté longuement. Et puis voilà qu'un jour, il décide d'organiser un voyage en Espagne avec le « groupe ». Mais… il ne m'en parla que lorsque tout fut décidé et préparé. Je fus ainsi mis devant le fait quasi accompli : je n'avais pas été convié et je ne l'étais toujours pas à cet instant. Un petit peu choqué et dégoûté, je lui rétorque donc que je les accompagnerais bien. Il restait justement « une place » de libre (il l'a avoué lorsque j'ai insisté). Je m'en souviens comme si c'était hier. Il faisait beau, nous marchions dans le parc. Je me suis arrêté, je me rappelle même l'endroit précis. Il portait une chemise claire et un jeans, son GSM accroché à la ceinture dans une petite pochette « *comme un cowboy prêt à dégainer* ». Oui, je m'amusais à le taquiner avec ça. C'est alors qu'il me sort : « *Oui, mais tu sais, il y a déjà untel qui était intéressé, il s'est proposé avant toi.* » Ok. Il faut savoir que cet « untel » était en fait un copain du copain d'un gars du « groupe » que lui-même ne connaissait absolument pas. Le copain du copain qu'il ne connaissait pas passait donc avant son soi-disant meilleur ami... Quelle estime devait-il avoir de moi, dites donc ! Il a bien essayé de se justifier, mais ça n'a pas pris. Je ne l'ai plus jamais revu. Les autres disparurent de ma vie également, à l'exception d'un seul (que j'ai revu longtemps après). Et d'un coup, je me suis retrouvé complètement isolé, tout seul, je n'avais plus personne, plus d'amis. Apparemment, et ce dernier n'a jamais voulu rentrer dans les détails – je l'ai su bien plus tard – il y avait eu du « blabla » sur mon dos. Vous pourriez penser que ma réaction était radicale, voire puérile ? Peut-être. Mais ce n'est pas le geste ici qui compte, c'est ce qu'il implique, ce qu'il signifie profondément. Pour moi, ce fut loin d'être anodin, car il m'avait d'une certaine façon renié (c'est, en tout cas, ainsi que je l'ai ressenti). Et surtout, ce n'était pas la première fois. Je n'avais pas oublié ! Et même encore aujourd'hui, je n'ai toujours pas oublié ! La première fois, quelques années auparavant, j'avais pu lui pardonner après quelques mois. Imaginez : après un séjour de 3 mois à l'hôpital, à mon retour à l'école, PLUS PERSONNE ne m'adressait la parole. Son attitude à mon égard était devenue tellement glaciale que lorsque je tentais de lui parler, c'était presque comme s'il faisait un effort surhumain pour me répondre « entre 2 portes » vite fait bien fait. Il ne s'était même d'ailleurs jamais donné la peine de venir me voir. Pas plus qu'il ne s'est manifesté pour prendre de mes nouvelles… Quelle magnifique amitié ! Ils avaient tous déblatéré sur mon dos en mon absence. Sympa, hein ? J'étais donc devenu un paria à leurs yeux. Je venais d'en chier pendant 3 mois et non seulement personne ne s'est jamais donné la peine de prendre de mes nouvelles, mais voilà l'accueil qu'on m'avait réservé à mon retour. Ce genre de choses laisse des traces indélébiles chez un adolescent. Je n'ai hélas jamais su le fin mot de l'histoire. La loi du silence était visiblement de rigueur. Sans doute n'y en avait-il même pas. Les gens se montent parfois la tête l'un l'autre sans réelle raison. Mais là, après cette nouvelle trahison, ce n'était plus possible. Sa seconde chance, il l'avait déjà eue. Je ne lui ai plus parlé en pensant qu'un jour, il essayerait de s'expliquer, de se faire pardonner, de reprendre contact. Mais il ne l'a jamais fait. De mon côté, il m'était impossible de le faire. Les périodes de dépression se sont ainsi enchaînées jusqu'à un point que je qualifierais de « non-retour ». Après 20 ans, je ressens toujours de la rancœur pour celui qui a quelque part brisé ma vie et ma confiance en l'être humain. Ou, en tout cas, qui a amorcé la chute de façon nette. Car cet évènement fut le catalyseur d'un effet papillon. Oh, ce n'est peut-être pas grand-chose pour vous, dit comme cela. Une broutille. Mais moi, je l'ai ressenti comme un poignard dans le dos (« *Moi je* », oui, puisque personne ne pense à moi – vous savez, ce ressenti d'invisibilité – il faut bien que je le fasse moi-même. Alors « moi », j'essaye de penser à moi en sale égoïste et égocentrique que je suis ! Voilà donc un exemple pratique, j'écris et mille autres idées me traversent la tête). Quoi qu'il en soit, ce « schéma » de trahison s'est hélas répété à de nombreuses reprises. Alors, pour éviter d'être déçu ou de me sentir étouffé, je m'en tiens à des « relations » superficielles, consciemment et parfois aussi inconsciemment. Lorsque ça va au-delà du superficiel, ça ne fonctionne pas, je finis toujours par m'embrouiller avec les gens. Généralement, je trouve un problème – un prétexte inconscient – et j'amplifie tout jusqu'au point de « rupture ». Et lorsque quelque chose fonctionne, je me demande toujours quand va arriver l'embrouille. Et elle arrive toujours. C'est un cercle vicieux. Je me sens seul et être avec quelqu'un m'étouffe. Ce sentiment de solitude intérieure insatiable est omniprésent et dévorant. Je suis rongé par cette dualité entre ce besoin de solitude et cette souffrance de cette même solitude. Ce qui amène naturellement à la dépression. Car je souffre de dépression chronique : eh oui, le grand méchant négatif dont il faut s'éloigner. Présent ! La société le dit même avec fierté : « *Éloignez-vous des gens négatifs.* » Alors, un tout grand merci à elle de nous enfoncer encore plus et de nous stigmatiser de la sorte. C'est bien ancré dans l'inconscient collectif : il faut s'éloigner de ces êtres maudits et néfastes qui ne pensent pas comme vous.

Tant qu'à parler de paradoxes, la routine, ça aussi, c'est un sentiment très paradoxal. Autant pour certaines choses elle me tue, autant changer mes habitudes me met dans un état d'anxiété incommensurable. Je n'aime pas être bousculé dans mes habitudes et en même temps je me plains qu'il ne se passe « jamais rien » dans ma vie. Pourtant, quand il se passe quelque chose, je me sens totalement insécurisé et déboussolé. Tout nu. C'est, je pense, en quelque sorte un besoin profond de stabilité qui a besoin de petites (ou grosses) étincelles ci et là sans pour autant tout chambouler.

Oui, je me sens détruit de l'intérieur, fracassé par cette société, cette vie en société qui en demande toujours plus, qui met la pression, une pression tellement destructrice sur l'individu humain qu'elle finit par le briser. Une société qui me demande d'être celui que je ne suis pas sous peine de « représailles » d'intentions inconscientes (ou pas si inconscientes que ça ?). Oui, je le dis, au risque de me faire une énième fois dénigrer, rabaisser, critiquer, accuser de n'être qu'un être « négatif », un « triste personnage », d'être un mec toxique avec lequel il faut prendre ses distances, un « quasar », comme quelqu'un m'a une fois dit (ma soi-disant « négativité » lui volait son « énergie » !) : je ne me sens plus à ma place dans cette société. Je n'y TROUVE plus ma place. Et avec cette dictature sanitaire, c'est de pire en pire. La société me semble sombrer de plus en plus dans une démence profonde et irréversible. Bien sûr, les mauvaises langues diront qu'on se complaît dans un état plaintif, de geignards, que nous sommes encore une fois des « Calimeros ». C'est tout juste extrêmement condescendant et une preuve de plus du total manque d'empathie et je dirais même d'intelligence de personnes obtuses et fermées. Forcément, si vous êtes « perçus » comme négatif par la société, l'image se reflète sur vous et vous finissez par le penser et même le devenir. Vous êtes quelque part l'image qu'on vous renvoie de vous-mêmes. Et à force d'être rabaissé, on en finit par se rabaisser soi-même. L'enfer, c'est les autres, après tout. Et c'est le cercle vicieux. Je suis en colère contre cette société qui nous impose ses diktats de comportements, de pensée, qui nous impose de la comprendre sous peine d'en être exclus, voire même menacés de représailles si nous ne montrons pas patte blanche, mais qui de son côté ne fait pas le moindre effort pour essayer de nous comprendre à son tour.

Pour Bernadette, la vie n'est parfois pas simple en société non plus : « *Un mot, un regard, une image, une pensée... me font* *fondre en larmes. Pourquoi ? Je ne sais pas. Que ce soit une émission de TV, une discussion entre amis, une mouche qui vole ou quoi que ce soit d'autre, tout est sujet à déclencher une réaction excessive. Je suppose que ça évoque des sensations, des émotions qu'on ressent au plus profond de soi sans trop savoir les cerner. Souvent j'y réfléchis, mais je ne saurais même pas dire le mot ou l'image qui a déclenché la réaction. Évidemment, tout le monde ne comprend pas et parfois cela restreint le cercle des amis. Parfois, je grimperais aux murs tellement les sensations sont intenses. Parfois aussi, le moindre bruit devient hyper agressif, et quand on est en appartement avec des cons au-dessus de soi, parfois, je dois me raisonner pour ne pas sauter par la fenêtre (du 5e étage). »*

C'est fatigant de devoir tout le temps afficher cette façade de « positivisme » alors qu'intérieurement, vous vous sentez détruit. Et ça, personne ne semble vouloir le comprendre. Et encore moins le tolérer. Même avec les amis, il est difficile d'être soi-même. Alors, si on ne peut pas être soi-même avec ses amis, avec qui le pourrait-on ? Est-ce réellement de l'amitié s'il faut tout le temps mesurer ses mots, faire attention de ne pas dire un terme qui pourrait être (mal) interprété comme de la sacro-(mal)sainte « négativité » ? Pourquoi avoir des amis si c'est pour être malhonnête et leur mentir pour leur faire plaisir ? Je n'appelle pas cela de l'amitié. Et j'ai perdu beaucoup d'amis comme ça, à cause de mon honnêteté et mon refus d'être ce que je ne suis pas. Ce n'étaient sans doute pas de vrais amis, me direz-vous. Peut-être.

Pour Philippe, la chanson semble recevoir le même écho : « *La peur d'être considéré comme inefficace et négligent – voire limité dans son intellect ou même sa psychomotricité (ne pas être doué pour les jeux de société ou le bricolage, 2 grands classiques !) – donc en somme déconsidéré par ses proches (cohabitants, collègues, amis, surtout les amis les plus bienveillants), c'est très oppressant, évidemment. Tu fais tout bien, sauf un truc que tu as oublié, et tu t'en veux pour plusieurs heures, bref la journée est gâchée... Et j'ai remarqué aussi que je n'arrive pas à trouver les mêmes défauts (ni aucun véritable défaut d'ailleurs) chez les autres : on a l'impression que les autres, ils ne se trompent jamais, ils ne se posent pas de questions, ils n'ont pas de dilemmes... bref, ils profitent de la vie ou alors ils cachent/maîtrisent bien leurs émotions. Tu as l'impression d'être le seul qui se fait du souci pour rien... Le seul défaut qu'ils ont, ces gens tellement parfaits de ton entourage, c'est que justement ils savent pertinemment bien qu'ils sont plus performants ou plus séduisants que toi. Et au lieu de faire preuve de patience et de compréhension à ton égard, ils sont terriblement arrogants (même si, dans leurs discours, ils parlent toujours de bienveillance et de tolérance, ça reste tout de même des notions très théoriques pour eux...). Ils sont justement très rapides pour soit te critiquer, soit te faire sentir que tu es quelqu'un de différent, soit... le plus souvent... c'est toi qui t'imagines qu'ils te prennent pour un original pitoyable... Du coup, afin de te plier à ce que tu penses être la norme, tu ne sais plus trop quoi dire ni comment t'exprimer, tellement t'as peur de te sentir ridicule... Surtout quand ce que tu dis ne rencontre aucun écho dans une conversation de groupe et que t'as juste l'impression que personne ne t'a écouté ou que personne ne veut rebondir sur tes propos de toute manière... Et ce fichu mal de tête n'arrange rien... Et lorsque ce sont des amis vraiment bienveillants, c'est toi-même qui te mets une pression de dingue, car tu ne veux pas les décevoir ou les contrarier, car ce sont tes rares amis plus ou moins patients, et tu te demandes toujours si toi-même tu comptes autant pour eux qu'eux pour toi... c'est dur ! C'est une vraie solitude, au final.* »

Toutes ces petites choses de la vie quotidienne prises à part ne sont et ne semblent « *pas grand-chose* », mais mises toutes ensemble, elles forment une forteresse hostile autour d'un individu, surtout si sa sensibilité va au-delà de la moyenne.

Il y a de ça de nombreuses années, j'étais parti en vacances sillonner le Portugal pour un mois, sac sur le dos, de gare en gare. J'étais le seul mec du groupe, entouré de 4 filles. «*Ah, le pied*», vous allez dire ? Que nenni, le cauchemar ! J'étais le paria, le bon à tout faire, et quand je n'étais pas dans la tête de ces demoiselles pour faire dans la seconde ce qu'elles voulaient, alors je n'étais qu'un fainéant, un moins que rien. D'ailleurs, elles ne m'adressaient jamais la parole à part pour me faire des reproches. Ah, les vacances ! Le camp de bagnard ou, au mieux, le camp militaire. Par exemple, si j'osais mettre une très fine couche de confiture sur ma tartine, c'était le scandale ! J'étais l'égoïste, car il en fallait pour tout le monde. La tartine devait en fait être vaguement colorée, et ça, c'était ok pour elles. Si j'osais ne pas être d'accord, je me faisais gueuler dessus. Combien de fois m'a-t-on déjà fait des remarques désobligeantes à ce sujet parce que, selon les gens, il faudrait mettre une couche tellement fine qu'il faudrait un microscope pour la trouver (façon service militaire avec du pain sec et une couche de beurre quasi invisible). Évidemment, je m'emporte quand on me fait ce type de réflexion ! De quoi je me mêle ? Gilles, on peut tout lui dire, c'est ça ? Parce qu'aux autres, on n'ose pas faire ce type de réflexion. Le brave Gilles, il fera avec ! Bien sûr, je me fais «sermonner» à cause de mon «attitude inadmissible». Ce qui me fait bondir encore plus…

Un autre exemple, toujours lors de ce périple au Portugal : la température était caniculaire, nous étions au beau milieu de nulle part, presque dans un désert digne d'un western. La fille à côté de moi buvait à la bouteille à pleine bouche : un bon quart de la bouteille s'était bien vidé en quelques secondes. Je demande alors timidement à boire : mais, d'après son regard, c'était déjà beaucoup demander. Moi, je déglutis très lentement. Alors je mets le goulot de la bouteille à mes lèvres et je bois une gorgée. Puis je tente d'en prendre une seconde. J'entends déjà derrière moi des grognements (en fait, je les sens plutôt : comme des ondes ultra négatives pointant vers moi). Et à la troisième, on m'arrache carrément la bouteille des mains sous prétexte que j'allais « tout vider »… je n'avais pourtant bu que 2 gorgées… Je crie pour faire valoir mes droits, mais on me crie encore plus dessus ! Quelques jours plus tard, je quittais le groupe et continuais le voyage en solo. J'en ai pleuré longuement, tout seul. Moi qui avais pensé passer un bon moment, en bonne compagnie, qu'étant le seul mec, j'aurais été, si pas dragué, au moins un minimum respecté, je suis tombé de haut. Elles m'avaient traité comme un moins que rien, comme un chien. Comme une merde. Il ne m'était plus possible de rester avec elles. Elles me dégoûtaient. Cette histoire s'est passée très peu de temps après la trahison de mon ami. Ce jour-là, j'ai bien compris que jamais je n'arriverais à m'intégrer à un quelconque groupe. Pourtant, c'était bien l'organisatrice du voyage qui m'y avait convié. Peut-être m'avait-elle invité en pensant que j'allais être leur domestique ? La bonne poire ? Qui sait…

Pour continuer sur le même ton, bien plus tard, je me trouvais sur le tournage d'une série, bénévolement (les acteurs, c'est bien connu, ils se font des couilles en or, n'est-ce pas ?). Alors, à midi, il y avait un buffet, extrêmement bien fourni, bien plus que ce qu'il ne fallait, en fait. Je me fais donc une bonne tartine bien fournie elle aussi, il y avait assez pour tout le monde. Aucune raison de me priver. Après tout, non seulement je n'étais pas payé, mais j'avais même avancé – comme la bonne poire que j'étais – 295 € au réalisateur pour la location des costumes (que je n'ai jamais vu de retour, au passage !)… Eh bien, devinez, il m'a dit que je n'étais qu'un égoïste qui ne pensait qu'à sa gueule, car : « *il en faut pour tout le monde* », blablabla, « *t'as vu tout ce que tu mets sur ta tartine* », blablabla. Intérieurement, j'avais juste envie de l'entartiner et de la lui faire bouffer. Je me suis heureusement (ou malheureusement ?) retenu. Ma timidité a repris le dessus, mais le cœur n'y était plus. Au plus profond de moi, je me suis senti humilié et agressé. Il m'a fallu un très long moment pour que je « cesse de faire la gueule ». Et au final, tout le surplus a terminé à la poubelle…

Toujours en parlant « bouffe », un jour, j'étais avec mes collègues de travail dans un snack/resto. On mangeait des sandwichs à une table commune. L'un des collègues commence à se moquer de ma façon de « mâcher ». Je ne me souviens plus exactement de ce qu'il a dit, mais c'était une réflexion extrêmement déplacée. Il essayait de m'imiter en faisant le gogol en train de mâchouiller comme un demeuré. Mais comme c'était fait « avec humour », juste pour rigoler, alors c'était ok. Pour eux. Ils n'ont bien entendu pas compris ma réaction de colère (due à des douleurs enfouies). Et là, je n'avais qu'une seule envie : c'était de lui enfoncer mon sandwich au fond de sa gorge et de l'étouffer avec (oui, je sais, j'ai tendance à souvent vouloir « enfoncer » des choses chez les autres… N'y voyez rien de pervers !).

Voilà, il paraît que je surréagis, que je ne dois pas prendre tout ça tellement à cœur, que c'est « *pas méchant* ». Mais moi, il m'est impossible de faire « *comme si de rien n'était* ». Intérieurement, je suis blessé et en rage face à ce genre de situations. A contrario, en temps « normal », je ne suis pas non plus très expansif, c'est-à-dire que j'ai du mal à montrer ce que je ressens intérieurement (j'intériorise tout). C'est ma façon d'être. Dès lors, on me fait souvent ce genre de réflexions extrêmement agaçantes : « *ça n'a pas l'air de te faire plaisir* », « *ça n'a pas l'air de t'emballer* ». Ça me met hors de moi, car ce n'est pas vrai. Là, je passe d'un extrême à l'autre, il paraît. Ce n'est pourtant pas une obligation de sauter au plafond pour apprécier quelque chose. Chacun a sa manière de s'exprimer.

Mais malheureusement, dans cette société, si on ne saute pas de joie, c'est qu'on n'est pas content. Encore et toujours cet optimisme excessif de forcenés... Et c'est vraiment désagréable. D'un côté, on me dit que je réagis dans l'excès, et d'un autre, on me reproche de ne pas réagir assez. C'est curieux. Sans doute parce que l'excès d'émotions me fatigue. Alors, inconsciemment, je ne surréagis qu'au moment où la coupe déborde.

Conclusions

En réalité, j'ai quelque part l'impression de rejeter le bonheur. Le bonheur ? Je ne sais pas ce que c'est. C'est juste un concept. C'est comme si je n'y avais pas droit. La société me renvoie avec une telle violence émotionnelle cette image de « coupable » que j'en ressens une forme dévorante de culpabilité. Une culpabilité par rapport à la vie pour laquelle je n'ai pas le droit de me plaindre, car n'oublions pas les petits enfants qui crèvent en Afrique. Qui suis-je donc avec mes petits problèmes de sensibilité(s) ? Tout ceci me paraît tellement insignifiant par moments. Après tout, des gens meurent tous les jours dans le monde : près de 150 000 personnes meurent chaque jour sur Terre. On me répète à longueur de temps que je dois penser aux familles dans la misère, aux victimes de viols, aux personnes gravement malades. Car ma souffrance, elle, elle est dans ma tête : il faut que je « relativise », que je « prenne du recul ». Je ne peux pas souffrir, je n'en ai pas le droit, je suis un sale type qui se plaint tout le temps et qui, je cite, « ne va jamais bien ». Forcément, comment aller bien lorsqu'on nie qui on est, ce qu'on est et ce qu'on ressent, et qu'on nous renvoie en pleine face cette image « négative » de nous-mêmes ? Cette image négative qu'on nous renvoie finit par s'imprégner dans tout notre être. Alors, c'est comme si j'éprouvais l'irrésistible besoin de « détruire » inconsciemment, semi consciemment ou même parfois consciemment les choses « bien » qui m'arrivent. Mon subconscient trouve une bonne raison et c'est parti. Je m'inflige une punition : je me flagelle, car je n'en suis pas digne. C'est presque une force irrépressible qui me pousse à systématiquement tout gâcher, à tout saboter. D'autres ont plus souffert, donc je n'ai pas le droit de souffrir : c'est ce que la société me renvoie et ce qu'on me dit à demi-mots et parfois même à mots entiers. On me le fait comprendre clairement : ma souffrance n'est pas tolérée dans cette société.

Alors, quand je pense et repense à toute la souffrance dans le monde, à tous les gens qui souffrent, je me dis : « *qu'est-ce donc que ma petite sensibilité dans tout ça ?* », « *quelle est donc la légitimité de ce livre ?* ». Et le sentiment de culpabilité refait surface. Je doute et je me sens encore plus coupable de ressentir ce que je ressens. Ai-je raison, ai-je tort ? Ai-je eu raison d'écrire tout ceci ? Durant l'écriture de ce livre, combien de fois n'ai-je pas douté de sa légitimité et combien de fois ai-je failli tout plaquer ? Presque chaque jour, pour être franc. Mais en fait, il n'y a rien à « comparer », comme je l'ai déjà expliqué. Je ne compare pas. Ce sont 2 problèmes et situations différents qui n'ont rien à voir l'un avec l'autre. Et refuser d'en parler serait comme refuser de parler, par exemple, du harcèlement scolaire de votre enfant alors que dans certains pays, les athées, les homosexuels ou les dissidents sont persécutés, torturés et tués. La souffrance de votre enfant n'a-t-elle pour autant pas droit au chapitre ? Doit-on le laisser souffrir parce que d'autres dans le monde connaissent une persécution plus grave et plus violente ? Allez-vous lui demander de « relativiser » sa souffrance en lui donnant les exemples que je viens de citer ? Je vous laisse méditer là-dessus.

L'hypersensibilité, c'est donc une autoroute sinueuse parsemée d'embûches où tout prend des proportions démesurées. Ce livre n'a pas la prétention ou le but de trouver des solutions, mais plutôt d'ouvrir les yeux des gens sur cette réalité si souvent niée, tue, ignorée, raillée et incomprise. La société ne nous prend pas au sérieux et elle nous le fait savoir. C'est juste un constat. Et pour moi, ce mal – la vie – m'a tellement rongé au fil du temps que je me sens abîmé, rouillé, oppressé, gangrené, psychologiquement vitriolé et irréparable.

Mais malgré tout ce que j'ai expliqué dans ce livre, il y a tout de même énormément de points positifs à l'hypersensibilité et tout autant de gens qui la vivent très bien (il existe énormément d'autres ouvrages qui vont dans cette optique-là). Mon cas n'est certainement pas une généralité. Ça dépend donc de chacun, de son vécu et de son environnement socioculturel. De la chance aussi. Car il y a autant d'hypersensibles qu'il y a d'individus. Mais il y a des tendances malgré tout, parfois très prononcées. Alors peut-être que des gens se reconnaîtront dans tout ce que j'ai écrit ici. Ce livre pourra peut-être aider certain(e)s à ne plus se sentir seul(e)s ou incompris(e)s. Je l'espère.

À découvrir dans la collection Uppercut

Non, l'État ne nous protège plus !
de Simone Wapler

Tu n'iras pas à l'école mon fils
de Yoann Laurent-Rouault

Bébés connectés : enfance massacrée
d'Elsa Job-Pigeard

La liberté assassinée !
de Thomas Andrieu

Je ne pouvais pas les laisser mourir !
du Dr Jean-Jacques Erbstein

Coronavirus, la dictature sanitaire
d'un collectif d'auteurs

Découvrez les autres collections de JDH Éditions

Magnitudes

Drôles de pages

Uppercut

Versus

Les Collectifs de JDH Éditions

Case Blanche

Hippocrate & Co

My Feel Good

Romance Addict

F-Files

BlackFiles

Les Atemporels

Quadrato

Baraka

Les Pros de l'Éco

Sporting Club

L'Édredon

La revue littéraire de JDH Éditions

Venez découvrir les textes de la revue

**Textes et articles dans un rubriquage varié
(chroniques, billets d'humeur, cinéma, poésie…)**

Suivez **JDH Éditions** sur les réseaux sociaux
pour en savoir plus sur les auteurs,
les nouveautés, les projets…

Inscrivez-vous à notre Newsletter sur
www.jdheditions.fr
Pour recevoir l'actualité de nos nouvelles
parutions